GERHARD

Der Dreißigjährige Krieg

3., durchgesehene Auflage

V&R

VANDENHOECK & RUPRECHT
GÖTTINGEN

Gerhard Schormann

Geboren 1942, Studium der Geschichte und der Philosophie in Münster und Bonn, 1969 Promotion; ab 1972 Assistent am Historischen Seminar der Universität Düsseldorf, Lehrstuhl für Geschichte der Frühen Neuzeit, 1981 Habilitation, 1986 Professor. Buchveröffentlichungen: Hexenprozesse in Nordwestdeutschland (1977); Aus der Frühzeit der Rintelner Juristenfakultät (1977); Hexenprozesse in Deutschland (1981, 2. Aufl. 1986); Rintelner Studenten des 17. und 18. Jahrhunderts (1981); Academia Ernestina (1982); Der Krieg gegen die Hexen (1991).

Bibliografische Information Der Deutschen Bibliothek

Die Deutsche Bibliothek verzeichnet diese Publikation in der Deutschen Nationalbibliografie; detaillierte bibliografische Daten sind im Internet über <http://dnb.ddb.de> abrufbar.

ISBN 3-525-33506-7

Kleine Vandenhoeck-Reihe 1506

3. Auflage 2004
© 2004, 1985 Vandenhoeck & Ruprecht in Göttingen.
Internet: www.vandenhoeck-ruprecht.de
Umschlag: Hans-Dieter Ullrich
Gesamtherstellung: Hubert & Co., Göttingen

Inhalt

Abkürzungen

AOSB   Rikskansleren Axel Oxenstierna skrifter och brefvexling, 27 Bde., Stockholm 1888–1969

BA, NF   Briefe und Akten zur Geschichte des Dreißigjährigen Krieges. Neue Folge. Die Politik Maximilians I. von Bayern und seiner Verbündeten, Teil 1, Bd. 1–2, München/Wien 1966, 1970; Teil 2, Bd. 1–9 (mit Lücken), Leipzig/München 1907–1986.

DB   Documenta Bohemica bellum tricennale illustrantia, 7 Bde., Prag 1971–1981

NDB   Neue deutsche Biographie, bislang 13 Bde., Berlin 1953–1982

StA   Staatsarchiv

Vorwort

Grund genug für eine wissenschaftliche Publikation über ein geschichtliches Thema ist meist dann gegeben, wenn zu diesem Thema kaum etwas bekannt ist, wenn also eine Art weißer Fleck auf der historiographischen Landkarte entdeckt wurde. Davon kann im Fall des Dreißigjährigen Krieges selbstverständlich keine Rede sein; von den Zeitgenossen des großen Krieges an hat er die Historiker immer wieder aufs neue beschäftigt. Ein anderer Grund für eine geschichtswissenschaftliche Darstellung kann die Auffindung bedeutender und bislang unbekannter Quellen sein. Wenn beispielsweise plötzlich 60 Bände Tagebücher Wallensteins auftauchten, müßte zwar nicht die ganze Geschichte des Dreißigjährigen Krieges umgeschrieben werden, aber sie wären sicher gewichtig genug, um ihre Auswertung zu publizieren. Doch nicht zuletzt kann auch auf der Basis längst bekannter Quellen und Darstellungen eine neue Veröffentlichung notwendig werden, wenn nämlich die bisherige Forschung das Thema durchweg verzerrt oder falsch wiedergibt.

Mit dem Ziel einer solchen Uminterpretation legte 1966 der englische Historiker S. H. Steinberg seine Darstellung zum Dreißigjährigen Krieg vor; die deutsche Übersetzung erschien 1967 in der Kleinen Vandenhoeck-Reihe.[1] Seiner Meinung nach muß die angeblich so zerstörerische Wirkung des großen Krieges auf Deutschland als eine maßlose Übertreibung angesehen werden, hauptsächlich verursacht durch eine falsche Quellenauswahl. Neu war dieser Ansatz zwar nicht – die von B. Erdmannsdörffer schon 1892 geäußerten Bedenken sind in der Folgezeit mehrfach aufgegriffen worden –, aber niemand hat ihn so konsequent weiterentwickelt wie Steinberg. Seine Ausführungen laufen darauf hinaus, Deutschland sei nach dem Krieg weder besser noch schlechter daran gewesen, nur anders.[2]

Darauf ist an anderer Stelle zurückzukommen. Sofort geklärt werden muß jedoch die von Steinberg aufgeworfene Frage, ob der Ausdruck „Dreißigjähriger Krieg" überhaupt sinnvoll verwendet werden kann. Er verneint die Frage, und wenn der Ausdruck doch im Titel seines Buches erscheint, dann nur, weil dieses »Produkt rückschauender

Phantasie« sich dank seiner Handlichkeit nun einmal durchgesetzt hat.[3] Andere sind ihm darin gefolgt, während in jüngster Zeit K. Reppgen das Gegenteil nachweisen konnte: »Der Dreißigjährige Krieg ist vielmehr schon von den Zeitgenossen als ein einziges, ein kontinuierliches Kriegsgeschehen verstanden und erlebt worden – von Katholiken und von Protestanten, in Deutschland und im Ausland«.[4] Steinberg betont die europäische Dimension des Krieges, der für Deutschland eine Art »Nebenerscheinung« der französisch-habsburgischen Auseinandersetzung gewesen sein soll, in die es dank seiner zentralen geographischen Lage verwickelt wurde, eine Auseinandersetzung, die sich in verschiedenen größeren und kleineren Kriegen zwischen 1609 und 1660 vollzog. Damit ist einmal ein Periodisierungsproblem angesprochen. Wenn schon der Kampf um die Vorherrschaft in Europa auf das frühneuzeitliche Mächte-Europa beschränkt wird, dann beginnt er bereits in der ersten Hälfte des 16. Jahrhunderts und endet auch nicht mit den Friedensschlüssen in der Mitte des 17. Jahrhunderts. Um es an einem Einzelfall zu verdeutlichen: Das Ringen um das Dominium maris baltici als ein Teil dieses Kampfes ist mit dem Frieden von Oliva 1660 noch lange nicht abgeschlossen, sondern allenfalls mit dem Nystad-Frieden von 1721 – K. Zernack zufolge muß sogar das gesamte Zeitalter der nordischen Kriege zwischen 1558 und 1809 als eine frühneuzeitliche Geschichtsepoche gesehen werden.[5] Sodann: Den Dreißigjährigen Krieg allzu sehr auf Deutschland zu beziehen, ist sicher ein Fehler, es fragt sich aber, ob Steinberg und andere die Bedeutung des Krieges für das Reich nicht allzu sehr herunterspielen. Beim heutigen Forschungsstand ist es sicher, daß der Krieg zum großen Teil auf dem Boden und auf Kosten des Reiches ausgetragen wurde, so wie es 1642 ein hoher Militär treffend beschrieben hat: »...den Reichsfeinden steht öffentlich als heimlich der Gedanke, das römische Reich sei aller Kräfte beraubt und könnte weder Kriegsvölker, Proviant oder Geld fortan nicht mehr leisten und werde deshalb in kurzer Zeit in fremde Gewalt fallen müssen. ... Alsdann auch die Fremden, wenn sie schon Schlachten verlieren, eben wohl allezeit gewinnen, angesehen in allem Streit nur Teutsche todt bleiben, Land und Leute gestört und verheert, dadurch endlich das Reich so öd und wüst werden wird, dass Niemand die Gedanken sich zu schützen oder zu wahren haben wird«.[6] Unbestritten waren auch Dänemark, Frankreich und Oberitalien gelegentlich Kriegsschauplatz, unbestritten haben auch fremde Söldner auf dem Boden des Reiches gekämpft und unbestritten hatte dieser Krieg in besonderem Maße eine europäische Dimension – das alles aber ist kein Hindernis, den Dreißigjährigen Krieg von 1618 bis 1648 zur Periodisierung der deutschen Geschichte beizubehalten.

Das vorliegende Bändchen will weder neue Quellenfunde noch Uminterpretationen bieten, sondern Studenten und anderen Interessierten Gelegenheit geben, sich kurz über das Thema zu informieren, besonders über einige in letzter Zeit intensiv diskutierte Probleme und Forschungsansätze. Um das Kapitel über den Kriegsverlauf nicht unverhältnismäßig anschwellen zu lassen, wurde eine auf das Reich bezogene Einteilung beibehalten, beginnend mit dem böhmisch-pfälzischen Krieg, obschon dies beispielsweise zur Folge hat, daß der mantuanische Erbfolgestreit am Ende des Abschnitts über den niedersächsisch-dänischen Krieg erscheint. Aus Gründen der Vereinfachung sind auch einige Bezeichnungen übernommen worden, die strenggenommen unzulässig sind. Das Heilige Römische Reich Deutscher Nation, wie das alte Reich offiziell hieß, schlicht »Deutschland« zu nennen, ist eigentlich falsch. Die Republik der Vereinigten Niederlande als »Holland« und seine Einwohner als »Holländer« zu bezeichnen, ist auch falsch – Holland war bekanntlich nur eine der aufständischen Provinzen, die sich im Kampf gegen Spanien zusammengeschlossen hatten –, die Bezeichnung »Generalstaaten« wäre noch angängig. Beide Bezeichnungen haben sich aber in der Literatur so weit eingebürgert, daß man ihre Anwendung vertreten kann. Nicht falsch, aber erklärungsbedürftig sind Ausdrücke wie »spanische Truppen«, »schwedische Truppen« usw. Damit ist nur gemeint, daß diese Truppen im Dienste der Krone Spanien, der Krone Schweden usw. stehen – über die Nationalität der einzelnen Soldaten ist damit nichts gesagt. Die Söldner in den Heeren des Dreißigjährigen Krieges kamen aus allen möglichen Ländern, die Mehrheit aber zweifelsohne aus dem Reich.

Schließlich sind noch einige Anmerkungen zum Technischen notwendig. Die deutsche Schriftsprache wies im 17. Jahrhundert noch eine Fülle von Unregelmäßigkeiten auf, so bei der Groß- und Kleinschreibung, der Zeichensetzung, aber auch bei Vokalismus und Konsonantismus. Heute gibt es für die Umschrift feste Regeln, während früher ganz unterschiedlich verfahren wurde. Eine gewisse Uneinheitlichkeit bei Zitaten aus gedruckten Quellen ließ sich also nicht vermeiden. Sodann ist daran zu erinnern, daß es zur Zeit des Dreißigjährigen Krieges in Deutschland zwei verschiedene Datierungsweisen gab. Bekanntlich wurde die von Papst Gregor XIII. 1582 veranlaßte Kalenderreform im evangelischen Deutschland mehrheitlich erst um 1700 übernommen. In der Zwischenzeit datierten die Katholiken nach dem gregorianischen Kalender, der dem von den Evangelischen gebrauchten julianischen Kalender um zehn Tage voraus war. Im gegebenen Fall schrieb man beide Daten, beispielsweise beim Osnabrücker Friedensvertrag, der am 14./24. Oktober 1648 unterzeichnet wurde. Sofern nicht anders angegeben entsprechen im folgenden die Daten dem neuen, dem heutigen Kalender.

Im ersten, allgemeinen Teil sind die Literaturangaben auf wenige Arbeiten beschränkt, die aber ihrerseits eine Fülle von Titeln zu dem betreffenden Thema enthalten.

I. Die Ausgangslage

1. Der Konflikt im Reich

Zwischen Frankreich und Polen, zwischen Dänemark und Italien erstreckte sich im 16. Jahrhundert bei im einzelnen unbestimmtem Grenzverlauf das »Heilige Römische Reich Deutscher Nation«. »Römisch« hieß es noch immer dank der mittelalterlichen Verbindung des deutschen Königtums mit der römischen Kaiserwürde, aber praktisch ging die Macht seiner Herrscher schon lange nicht mehr über die Grenzen der deutschen Nation hinaus – ja nicht einmal das. Auch innerhalb des Alten Reiches war von der einstigen Stellung der deutschen Könige und römischen Kaiser nur wenig geblieben. Während in West- und Nordeuropa bis zum Beginn der Neuzeit große, mehr oder weniger geschlossene Machtgebilde entstanden waren, die Vorläufer der späteren Nationalstaaten, hatte die Entwicklung im deutschen Reich die umgekehrte Richtung genommen: Aus vielerlei Gründen führte der deutsche Weg in die territoriale Zersplitterung. Im Dreißigjährigen Krieg wurde zum letztenmal – wenn auch nur ansatzweise – der Versuch unternommen, die Weichen doch noch in eine andere Richtung zu stellen, in Richtung einer Stärkung der Zentralgewalt auf Kosten der Fürstenmacht. Dieser Versuch scheiterte, und das Ergebnis im Westfälischen Frieden war die Festschreibung der deutschen Kleinstaaterei. Nicht weniger als 1789 reichsunmittelbare Gewalten bevölkerten die buntscheckige Landkarte des Alten Reiches, darunter 296 Souveränitäten, deren Bündnisrecht mit deutschen und ausländischen Mächten lediglich durch die Formel begrenzt wurde, ihre Bündnisse dürften sich nicht gegen Kaiser und Reich richten.[1]

Der Aufstieg eines Teils der deutschen Adeligen zu regierenden und schließlich sogar souveränen Fürsten ist in einem langen und komplizierten Prozeß der Zentralgewalt abgerungen worden – dem Aufstieg der Fürsten korrespondierte ein Niedergang der kaiserlichen Macht. Aber nicht nur gegen die Zentralgewalt hatten die Fürsten sich durchzusetzen, auch im eigenen Haus, in ihren Territorien, sahen sie sich einer mehr oder weniger ausgeprägten Kraft gegenüber, mit der es sich auseinanderzusetzen galt: den Ständen.[2]

9

Dabei ist die ursprüngliche Beteiligung der Landesherren an der Ausbildung einer landständischen Verfassung unbestritten, ebenso die oft fruchtbare Zusammenarbeit zwischen Fürsten und genossenschaftlich organisierten Ständen zur Bewältigung neuer staatlicher Aufgaben im späten Mittelalter und zu Beginn der Neuzeit. Obschon von Territorium zu Territorium in den Einzelheiten verschieden, stimmten die Grundelemente der landständischen Verfassung weitgehend überein. Als Adel, Geistlichkeit und Städte traten die Stände dem Landesherrn gegenüber, d. h. es waren neben den Städten die Grundbesitzer. Ihre Organisationsform war überall der Landtag. Einberufen vom Landesherrn, berieten die Stände dessen Vorgaben, die Propositionen, wobei in den weltlichen Territorien der Adel, also die Ritterschaft, und die Städte den Ausschlag gaben – von den geistlichen Territorien wird noch zu sprechen sein.

Ein Hauptthema aller Landtage war das Geld. In der Regel speisten sich die Einkünfte der Landesherren aus ihren Eigengütern, den Domänen, und aus nutzbaren Hoheitsrechten, den Regalien. Kam ein Fürst damit nicht aus, konnte er seine Landstände um Bewilligung einer besonderen Abgabe ersuchen, die von diesen dann auf ihre Bauern und Bürger umgelegt wurde. Oder der Fürst konnte Schulden machen, die letztlich auch von den Ständen übernommen werden mußten.[3] So kam es zur Einrichtung einer eigenen ständischen Steuerverwaltung, dem »Obersteuerkollegium« in Sachsen, dem »Landkasten« in Württemberg usw. Mit der Steuerbewilligung, -erhebung und -verwaltung in Händen, versuchten die Stände alsbald, auf dem Wege über die Finanzen auf alle möglichen anderen Geschäfte einzuwirken, auf die Vergabe von Ämtern, auf die Rechtsprechung, schließlich auf die auswärtige Politik. Die Entwicklung ist dabei von Territorium zu Territorium unterschiedlich verlaufen. Zu einer regelrechten Mitregierung der Stände ist es aber bei der Mehrheit der weltlichen Territorien auf die Dauer nicht gekommen.

Zu einer Mitregierung auf allen Ebenen kam es zumindest zeitweise in den geistlichen Territorien, in jenen Fürstentümern also, in denen geistliche Würdenträger, Äbte, Bischöfe und Erzbischöfe, den Landesherrn stellten. Die landständische Verfassung wies hier zwar die gleichen Grundelemente auf wie in den weltlichen Territorien, aber nach realer Verteilung von Macht und Einfluß waren die Verhältnisse grundverschieden. Der folgenreichste Verfassungsunterschied bestand darin, daß in den weltlichen Territorien Erbdynastien regierten, in den geistlichen aber Wahlfürsten. Nach dem Tod eines geistlichen Fürsten wählten die Mitglieder des Domkapitels, die Domherren, den neuen Landesherrn wie die Kurfürsten den deutschen König wählten. Die durchweg dem Adel reservierten Domherrenstellen galten als ideale Versorgungsmöglichkeit nachgeborener katholischer Adelssöhne, wobei die meisten Domkapitel fest in Händen bestimmter regionaler Geschlechter blieben. Das Domkapitel stellte im geistlichen Territorium den wichtigsten Stand vor Ritterschaft und Städten. Es konnte sich praktisch eine Mitregierung sichern, wozu ihm zwei Wege zur Verfügung standen: die Wahl eines genehmen Kandidaten und die Wahlkapitulation. Die vor der Wahl vom Kandidaten zu beeidende Wahlkapitulation sicherte dem Domkapitel ein Mitspracherecht auf fast allen Ebenen, von der Stellenbesetzung bis zur Außenpolitik.

Während der Einfluß der Stände in den geistlichen Territorien bis zum Ende des Alten Reiches sehr groß blieb, versuchten viele weltliche Fürsten im Laufe der Frühen Neuzeit, diesen Einfluß zurückzudrängen. Aus dem ursprünglichen Miteinander war oft eine Rivalität geworden, die so aussehen konnte, daß die Stände dem Landesherrn nur die Rolle eines primus inter pares zubilligen wollten, während der Fürst zum absolutistischen Regiment strebte. Solche Ständekämpfe sind nach Zeit, Mitteln und Erfolg sehr unterschiedlich abgelaufen. Generell gerieten die Fürsten dabei in eine Doppelrolle. Gegenüber dem Kaiser waren sie Reichsstände, die jeden Versuch des Kaisers abwehrten, die Zentralgewalt auf Kosten der Fürstenmacht zu stärken. Gegenüber ihren eigenen Landständen aber waren sie Fürsten, darauf bedacht, ihre Zentralgewalt zu festigen. Je stärker sie im Innern wurden, desto stärker wurden sie auch gegenüber dem Kaiser. Der innerterritoriale Machtzuwachs war so zugleich ein kräftiger Schub für die Territorialisierung des Reiches.

Einen weiteren Schub auf dem langen Wege zum absolutistischen Fürstenstaat brachten die Reformation und die anschließende Konfessionalisierung.[4] Der Zusammenbruch der alten Kirche hinterließ in großen Teilen des Reiches ein Machtvakuum, das die weltlichen Obrigkeiten zu füllen begannen. Das Eingreifen der politischen Mächte erwies sich in der Sicht Luthers zunächst als echte Hilfe und insofern erklärte er sich mit den Fürsten als Notbischöfen einverstanden. Die Fürsten behielten aber die Kontrolle über die Kirche und konnten damit ihre Machtstellung im Territorium erheblich ausbauen. Bei aller Unterschiedlichkeit der einzelnen Kirchenverfassungen lief es doch immer auf eine volle Eingliederung in die Landeshoheit hinaus mit dem Landesherrn als summus episcopus, als oberstem Bischof, an der Spitze. Letztlich bedeutete dies die konsequente Vollendung eines Staatskirchentums, zu dem schon die spätmittelalterliche Kirche aus taktischen Erwägungen heraus die Grundlagen mitgeschaffen hatte. Diese Grundlagen waren auch jenen Territorien eigen, die nach der Reformation bei der katholischen Kirche blieben – und die dafür von Rom teilweise so weitgehende Zugeständnisse in der Kirchenhoheit erhielten, daß auch hier die Fürsten ihre Stellung im Territorium ausbauen konnten.

Verstärkt wurde dieser Machtzuwachs des Territorialstaates durch die zunehmende Konfessionalisierung und die Konfessionskämpfe. Der Zerfall der mittelalterlichen Kirche in Altgläubige und Protestanten und die anschließende Spaltung der Protestanten in Lutheraner und Calvinisten hat zu jenem Abgrenzungsprozeß geführt, der in den endgültigen Bekenntnisschriften der drei Konfessionen seinen Ausdruck gefunden hat. Auf katholischer Seite waren dies die Dekrete des Konzils von Trient, abgeschlossen 1563, auf calvinistischer Seite die nationalkirchlichen Bekenntnisschriften bis zur Confessio helvetica posterior von 1566 und auf seiten der lutherischen Orthodoxie die Konkordienformel und das Konkordienbuch von 1577/80. Unabhängig von den dogmatischen Ausformungen der einzelnen Konfessionen hat die Konfessionalisierung dreierlei vorangetrieben: 1. die Sozialdisziplinierung, 2. die Bürokratisierung und 3. die Zentralisierung. Alle Konfessionen haben ihre Mitglieder zu einheitlichem Verhalten im Sinne der Konfession zu disziplinieren versucht, wenn es ging bis ins letzte Dorf, auch wenn man nicht die Meinung mancher französischer Forscher teilt, erst im 16. und 17. Jahrhundert sei Europa wirklich christianisiert worden.[5] Ein umfangreiches Kontrollsystem von den regelmäßigen Visitationen bis zu den diversen Matrikeln, die das Leben der Gemeindemitglieder erfaßten, führte ebenfalls bei allen Konfessionen zu einem Bürokratisierungsschub. All dies und die damit verbundene Zentralisierung bedeuteten einen weiteren Machtzuwachs des Fürstenstaates, zumal – wenigstens im Reich – sämtliche Konfessionen zur Durchsetzung dieser Maßnahmen wie zur Bekämpfung der konfessionellen Gegner den Staat verstärkt in Anspruch nahmen.

Letzteres, die Bekämpfung der konfessionellen Gegner, verschärfte sich im Reich in der zweiten Hälfte des 16. Jahrhunderts in doppelter

Weise. Einmal rief der Vorstoß der seit 1549 unter Johannes Calvin geeinten reformatorischen Bewegung schweizerischer Prägung die Lutheraner auf den Plan, denn auf ihre Kosten vollzog sich weitgehend die Ausdehnung der Calvinisten im Reich. Zum andern versuchte der erneuerte und gestärkte Katholizismus nach dem Konzil von Trient allmählich, ganz oder teilweise verlorenes Gebiet zurückzuerobern, ein Vorgang, der in der Literatur als Gegenreformation bekannt ist. Beides, der stärker werdende Gegensatz zwischen Lutheranern und Calvinisten und die Durchsetzung der Gegenreformation im Reich, standen in vielerlei Wechselbeziehung zueinander.

Rechtlich gesehen ging es um die Auslegung des Augsburger Religionsfriedens von 1555.[6] Dieser Kompromiß zwischen den Konfessionsparteien brachte Rechtssicherheit für die Augsburgischen Konfessionsverwandten, für diejenigen also, die auf dem Boden der großen Bekenntnisschrift standen, die beim Augsburger Reichstag 1530 von den Protestanten vorgelegt worden war, der Confessio Augustana. Alle andern religiösen Gruppen wie etwa die Täufer sollten aus dem Religionsfrieden ausgeschlossen bleiben. Das ius reformandi, das Recht, die Konfession zu bestimmen, wurde nicht etwa den Individuen eingeräumt, sondern den Fürsten – die Formel: cuius regio eius religio, wessen Herrschaft dessen Konfession, stammt zwar erst aus späterer Zeit, trifft aber die Sache. Die Untertanen erhielten dagegen das ius emigrandi, das Recht, mit Hab und Gut unbehindert auswandern zu können, wenn sie die Konfession ihres Landesherrn nicht annehmen wollten. Ziel der katholischen Partei auf dem Reichstag war es nun, das Konfessionsbestimmungsrecht der Fürsten an einem entscheidenden Punkt einzuschränken: Die geistlichen Fürsten sollten nur für ihre eigene Person die Konfession wechseln können bei sofortiger Abdankung. Dieser sogeannnte »Geistliche Vorbehalt« wurde zu einem der umstrittensten Verhandlungsthemen. Er hätte die zu diesem Zeitpunkt noch nicht säkularisierten geistlichen Territorien ein für allemal bei der römischen Kirche belassen und die weitere Ausbreitung der Reformation stärkstens behindert. Außerdem ging es um die Mehrheitsverhältnisse im Kurkollegium. Drei der vier weltlichen Kurfürsten waren Protestanten: in Kurpfalz, Kursachsen und Kurbrandenburg; die vierte weltliche Kur lag beim katholischen Habsburger als König von Böhmen, und die drei geistlichen Kurfürsten von Mainz, Trier und Köln hielten ebenfalls zur römischen Kirche. Wenn es gelang, einen geistlichen Kurfürsten für die protestantische Seite zu gewinnen, konnte man eine Änderung der Mehrheitsverhältnisse erreichen. Dennoch: König Ferdinand, der in Vertretung und mit Vollmacht seines kaiserlichen Bruders die Verhandlungen leitete, setzte die Aufnahme des Geistlichen Vorbehalts in den Vertragstext durch. Er drohte einerseits mit dem Abbruch der Verhandlungen und machte andererseits eine Konzession zum Angebot. Das Konfessionsbestimmungsrecht der geistlichen Fürsten sollte noch einmal eingeschränkt werden, diesmal zugunsten der Protestanten: In den geistlichen Territorien sollten Adel und Städte, soweit sie sich bei Vertragsabschluß zur Augsburgischen Konfession bekannten, in ihrem Konfessionsstand geschützt bleiben, d. h. sie wurden dem Konfessionsbestimmungsrecht ihrer katholischen Landesherren entzogen. Aufgrund dieser königlichen Erklärung, dieser »Declaratio Ferdinandea«, nahmen die protestantischen Reichsstände den geistlichen Vorbehalt hin. Aber die beiden Abmachungen erlangten nicht die gleiche Rechtskraft. Während der Geistliche Vorbehalt in den Text des Augsburger Religionsfriedens kam, blieb die Declaratio Ferdinandea eine davon getrennt ausgestellte Erklärung, die obendrein nicht dem Reichskammergericht mitgeteilt wurde, wie das sonst bei Reichsgesetzen geschah.

In beiden umstrittenen Punkten, dem Geistlichen Vorbehalt wie der Declaratio, hat letztlich die katholische Seite ihre Auffassung durchgesetzt. Als beispielsweise 1583 der Kölner Kurfürst Gebhard Truchseß von Waldburg zum Calvinismus übertrat und trotzdem sein Kurfürstentum nicht aufgeben wollte, konnte die katholische Partei die Einhaltung des Geistlichen Vorbehalts mit militärischem Einsatz erzwingen und den Verlust der wichtigen Kurstimme verhindern. Ebenso ließ sie sich von keinem Hinweis auf die Declaratio Ferdinandea beeindrucken, als von den 70er Jahren des 16. Jahrhunderts an die geistlichen Fürsten nach und nach ihre evangelischen Untertanen vor die Wahl stellten, entweder zu konvertieren oder auszuwandern. Jedesmal hat der immer stärker werdende Gegensatz zwischen Lutheranern und Calvinisten den Katholiken dieses Vorgehen erleichtert, vielleicht sogar erst ermöglicht.

Heftig umstritten beim Augsburger Religionsfrieden und danach war das Problem der Kirchengüter. Der Wortlaut des Vertrages äußerte sich allein über den Besitzstand zur Zeit des Passauer Vertrages von 1552. Was zu diesem Zeitpunkt den Protestanten gehörte, sollte ihnen bleiben. Über später säkularisiertes Kirchengut sagte der Text

14

nichts. Die Katholiken haben aber stets so argumentiert, daß eben nach 1552 nichts mehr säkularisiert werden dürfte. Eine solche Interpretation ging am Sinn des Religionsfriedens mit seinem ius reformandi vorbei: »Und wie grotesk unsinnig erschien die Folgerung, daß das gesamte Kirchengut in katholischem Besitz verbleiben sollte, wenn das gesamte Land und Volk ringsum legal zum evangelischen Bekenntnis übergewechselt war!«[7] Nicht weniger Zündstoff enthielten auch andere Versuche der Katholiken, die Unklarheiten des Augsburger Religionsfriedens einseitig in ihrem Sinne zu interpretieren mit Hilfe der sie begünstigenden Rechts- und Mehrheitspositionen. Es ist hier nicht nötig, die einzelnen Etappen dieses Ringens bis zur Lähmung aller Reichsorgane aufzuzählen, auch nicht die ebenso feindseligen Aktionen und Pläne der calvinistischen Partei gegen die Katholiken. Es genügt, die schließlich übriggebliebene Alternative zu nennen: Einigung auf der Basis grundsätzlicher Gleichheit der Konfessionen oder Krieg.

Der Konfessionalisierungsprozeß trug zwar einerseits zum Machtzuwachs der Fürsten innerhalb ihrer Territorien bei, führte aber andererseits zur Entstehung verfeindeter Fürstengruppierungen, die sich schließlich in zwei militärischen Sonderbündnissen gegenüberstanden. Pläne konfessioneller Bündnisbildung im Reich waren immer wieder im Gespräch gewesen, doch erst die zugespitzte Situation nach der Lähmung der Reichsorgane, als deren letztes 1608 der Reichstag ausgeschaltet wurde, ließ diese Pläne zur Verwirklichung reifen. Unter Führung von Kurpfalz traten im Mai 1608 eine Reihe protestantischer Fürsten zur Gründung der Union zusammen mit dem erklärten Ziel, sich gegen widerrechtliche Gewaltanwendung schützen zu wollen. Eine auf die Mitglieder anteilig umgelegte Sondersteuer sollte die Geldmittel beibringen, mit denen im Ernstfall durch sofortige Werbungen ein Söldnerheer aufgestellt werden konnte. Der Bund war zunächst auf zehn Jahre geschlossen. Im Gegenzug vereinigten sich im Sommer 1609 katholische Fürsten unter Führung Bayerns zur Liga, einem Bündnis mit ähnlichen Zielen und Organisationsformen.[8]

Das 16. und 17. Jahrhundert waren reich an Stände- und Konfessionskämpfen, und oft genug traten beide gekoppelt auf. Die Opposition einer Gruppe calvinistischer böhmischer Adeliger gegen ihren katholischen König im Jahre 1617 war zunächst nur einer dieser vielen Kämpfe. Die Radikalisierung der Bewegung von der Opposition zum offenen Aufstand und vor allem ihre Verbindung mit dem Konfliktpotential im Reich und in Europa haben dafür gesorgt, daß dieser Kampf nicht auf Böhmen beschränkt blieb.

2. Der Kaiser und die Habsburgerdynastie

Auf Böhmen beschränkt bleiben konnte die Auseinandersetzung zwischen dem König und seinen Ständen auch deshalb nicht, weil Ferdinand nicht nur König von Böhmen, sondern auch Mitglied der großen, viele Länder übergreifenden Habsburgerdynastie war. Um die Macht dieser Dynastie hatte sich ein Habsburger verdient gemacht, der in der Geschichtsschreibung oft nicht gerade schmeichelhaft beschrieben worden ist.[9] Das war aber nur aus dem Blickwinkel der alten, längst dahingegangenen Reichsherrlichkeit gesehen, an deren Maßstab Kaiser Friedrich III. (1440–1493) nicht zu messen war. Die wirkliche Macht der deutschen Könige und römischen Kaiser beruhte inzwischen genau wie die Macht der deutschen Fürsten auf ihren ererbten Territorien, auf ihrer Hausmacht, und in der Verfolgung seiner Hausmachtpolitik erwies sich Friedrich III. als erfolgreich. Zu Anfang des 15. Jahrhunderts bestand der habsburgische Hausbesitz im wesentlichen aus drei Gebieten: Das Erzherzogtum Österreich und die Herzogtümer Kärnten, Krain und Steiermark bildeten ein geschlossenes Territorium von der Südgrenze Böhmens bis zur Adria; westlich davon lag die Grafschaft Tirol, und dazu kam, noch weiter im Westen, das sogenannte Vorderösterreich, ein Streubesitz am Oberrhein mit dem Breisgau, dem Sundgau und anderen Gebieten. Die Jahrzehnte zwischen 1477 und 1526 sahen ein Anwachsen dieses Besitzes um ein Vielfaches, angebahnt von Friedrich III., wenn auch teilweise erst realisiert unter seinen Enkeln und Urenkeln. Während die Reichsgewalt weiter verfiel, suchte der Habsburger mit immer neuen Eheabsprachen und Erbverträgen jene dynastischen Zufälle herbeizuführen, die für den Aufstieg seines Hauses sprichwörtlich geworden sind. 1477 gelang ihm die Verheiratung seines Sohnes, des späteren Kaisers Maximilian I. (1493–1519), mit der Erbtochter von Burgund. Unter Maximilian selbst fiel dem Haus Habsburg im Erbgang das gewaltige spanische Reich zu samt Kolonien und italienischen Nebenländern. Dazu kamen, ebenfalls schon von Friedrich III. angebahnt, die Königreiche Böhmen und Ungarn, als der erbenlose König beider Reiche, Ludwig II., 1526 im Kampf gegen die Türken fiel.[10]

So imposant dieses Habsburgerreich sich ausnahm, es hatte zwei unübersehbare Schwächen. Die gewaltige Ländermasse, durch das Erbrecht in der Hand einer Dynastie vereint, wurde auch nur durch das dynastische Band zusammengehalten. Nach Sprache, Rechtsüberlieferung, Verfassung und Kultur handelte es sich um grundverschiedene Gebiete mit zum Teil einander widerstrebenden Interessen. Die zweite Schwäche lag in den außenpolitischen Hypotheken, die Habsburg gleich mitübernahm. Die Verbindung mit Burgund brachte dem Hause Habsburg die alte burgundisch-französische Feindschaft ein, eine Feindschaft, die ins Unüberbrückbare wuchs, als die habsburgische Erbfolge in Spanien und dessen italienische Besitzungen zu einer regelrechten Umklammerung Frankreichs führte. Die rund 150 Jahre westeuropäischer Geschichte zwischen 1500 und 1650 sind nicht nur ein Zeitalter der Glaubenskämpfe, sondern auch ein Zeitalter der französisch-habsburgischen Kämpfe. Und wie im Westen so im Osten. Auf dem ungarischen Erbe lag die gefährliche Nachbarschaft des aggressiven osmanischen Reiches. Bis gegen Ende des 17. Jahrhunderts blieb die Bedrohung durch die Osmanen ein bestimmender Faktor habsburgischer Politik.[11]

Gleich der erste Habsburger, der alle diese Länder unter seiner Herrschaft vereinte, Karl V. (1519–1556), bekam diese Belastungen voll zu spüren. Die Geschichte der reformatorischen Bewegung im Reich ist mit davon geprägt, daß die Macht des Kaisers durch jeweils nur kurz unterbrochene kriegerische Verwicklungen im Westen oder im Osten gebunden war. Sie ist aber auch geprägt vom Widerstand der deutschen Fürsten gegen eine kaiserliche Übermacht, bei der Ansätze zu einer überkonfessionellen Fürstensolidarität sichtbar wurden. Als Karl V. 1555/56 abdankte und die Niederlande und Spanien mit seinen Nebenländern seinem Sohn Philipp, die österreichischen Erblande mit Böhmen und Ungarn seinem Bruder Ferdinand übertrug, da waren im Reich Fürstenmacht wie Protestantismus gleichermaßen gefestigt. Der Augsburger Religionsfrieden besiegelte diesen Tatbestand.[12]

Daß die Nachfolgeregelung, die beim Thronverzicht Karls V. in Kraft trat, die Einheit der habsburgischen Herrschaft beendete und die Dynastie in zwei Linien teilte, ist formal richtig, war aber in gewisser Weise schon unter Karls Oberhoheit praktiziert worden. Gemeinsamkeit und Zusammenarbeit beider Linien blieben auch künftig mehr oder weniger gewahrt, zumal ja die Probleme blieben, nur noch um eines vermehrt. Zur Feindschaft Frankreichs und des osmanischen Reiches trat der Aufstand in den nördlichen Provinzen der Niederlande, der sehr schnell auf deutschen Boden übergriff und den Nordwesten des Reiches aufs schwerste belastete. Da die Niederlande als burgundischer Kreis offiziell zum Reich gehörten, sah sich der Kaiser als Reichsoberhaupt genötigt, beim spanischen Verwandten zu protestieren, während dieser sich über die Unterstützung der Aufständischen vom Reich aus beschwerte. Letztlich blieb aber der Zusammenhalt zwischen Madrid und Wien gewahrt, wozu zahlreiche Heiraten nicht wenig beitrugen.[13]

Aus einem für diese Zeit typischen Stände- und Konfessionskonflikt war der Aufstand in den Niederlanden erwachsen, der die spanischen Habsburger in so große Bedrängnis brachte. Die deutsche Linie sah sich bald vor ganz ähnliche Probleme gestellt. Der Protestantismus war frühzeitig, schon seit Beginn der 20er Jahre des 16. Jahrhunderts, in die Erblande eingedrungen und dort bei Angehörigen aus allen Schichten der Bevölkerung auf positive Resonanz gestoßen. Die mit Luthers Namen verbundene reformatorische Bewegung sprach nicht wenige Adelige an, während in bäuerlichen Kreisen später die Täufer regen Zulauf fanden. Im übrigen drang der Protestantismus in den Erblanden stetig weiter vor, wie die Visitationsberichte zwischen 1528 und 1561 erkennen lassen. Nur in Tirol und Vorderösterreich hielt sich die alte Kirche besser. Auch vor dem Haus Habsburg selbst ist die neue Lehre nicht stehengeblieben. Der Nachfolger Ferdinands I. im Kaisertum, Maximilian II. (1564–1576), stand im Ruf, mit ihr zu sympathisieren, und viele erwarteten nach dem Tod seines Vaters seinen offenen Übertritt. Sein Vater selbst hatte Befürchtungen in dieser Hinsicht und soll ihm das Gelöbnis abgenommen haben, bei der alten Kirche zu bleiben.[14]

Möglicherweise hat das Mißtrauen gegen den ältesten Sohn bei der Entscheidung Kaiser Ferdinands eine Rolle gespielt, die Regierung der Erblande unter seine Söhne zu verteilen – trotz der schlechten Erfahrungen, die Habsburg im Spätmittelalter mit solchen Teilungen gemacht hatte. Der zweitälteste Sohn, Ferdinand, erhielt Tirol und Vorderösterreich, der dritte, Karl, bekam Innerösterreich, im wesentlichen also Kärnten, Krain und Steiermark. Dem Nachfolger im Kaisertum fielen die österreichischen Donauländer zu nebst der Thronfolge in Böhmen und Ungarn. Im österreichischen Teil seines Machtbereichs räumte der neue Kaiser den protestantischen Ständen zwar weniger Rechte ein, als diese erwartet hatten, machte ihnen aber doch Konzessionen und verhinderte gegenreformatorisches Vorgehen. 1571 wurde hier den Herren und Rittern die Ausübung des evangelischen Kultus auf ihren Besitzungen für sich, ihr Gesinde und ihre Bauern freigestellt; die landesfürstlichen Städte und Märkte blieben von der Freistellung ausgeschlossen, obschon auch dort zumeist die Protestanten in der Mehrheit waren. Dagegen zeigte sich der neue Herr Tirols und Vorderösterreichs fest entschlossen, die Konfessionseinheit zugunsten des Katholizismus wieder herzustellen. Das gelang auch in der Hauptsache schon in den 70er Jahren, doch hatte der Protestantismus in diesem Gebiet, wie bereits erwähnt, ohnehin weniger Fuß gefaßt. Heftig wurde der ständisch-konfessionelle Konflikt in Innerösterreich ausgefochten, den die Stände für sich entscheiden konnten. Der katholische Landesherr war nicht in der Lage sich durchzusetzen, wobei das Steuerbewilligungsrecht der Stände und die unbedingt benötigte Türkenhilfe eine Rolle spielten. In der „Religionspazifikation" von 1572 mußte Erzherzog Karl seinen protestantischen Ständen die gleichen Konzessionen machen, wie sie ein Jahr zuvor Maximilian II. für Ober- und Niederösterreich gewährte hatte. Mehr noch! Um den Ständen die Bewilligung einer Türkenhilfe abzuringen, sah sich der Erzherzog 1578 zu noch weitergehenden Zugeständnissen gezwungen. Jetzt wurden auch den landesfürstlichen Städten und Märkten Konzessionen gemacht.[15]

Eine Eskalation im Stände- und Konfessionskonflikt bahnte sich für die Erblande an, als mit Kaiser Rudolf II. (1576–1612) erstmals ein Verfechter des gegenreformatorischen Katholizismus zur Regierung kam. Sein tatkräftigster Mitarbeiter auf kirchenpolitischem Gebiet wurde Melchior Klesl, ein Konvertit, Sohn eines Wiener Bäckers, der es in seiner kirchlichen Laufbahn noch zum Kardinal bringen sollte.[16] In Ober- und Niederösterreich entfaltete er mit Organisationstalent und politischem Geschick eine erfolgreiche Tätigkeit zugunsten der alten Kirche. Im Gegensatz zu den Erfolgen in Niederösterreich kam aber die etwas später in Angriff genommene Rekatholisierung Oberösterreichs infolge des 1592 ausgebrochenen Türkenkrieges und des Bauernaufstands von 1595–97 nicht recht voran. Erst danach wurde die Gegenreformation wieder aktiv, doch der Widerstand der Stände unter ihrem rührigen Vertreter Georg Erasmus v. Tschernembl konnte so lange hinhaltend wirken, bis die große Dynastie- und

Staatskrise der deutschen Habsburger ab 1606 alle ihre Kräfte absorbierte.[17]

Ganz anders verlief dagegen die Entwicklung in Innerösterreich. Im gleichen Jahr 1578, das hier einen großen Erfolg für die protestantischen Stände gebracht hatte, wurde dem Erzherzog jener Sohn geboren, der als sein Nachfolger den Protestantismus in Innerösterreich zerschlagen und die Grundlagen seiner Vernichtung in den ganzen Erblanden legen sollte. Es war der spätere Kaiser Ferdinand II. Bei den Jesuiten in Ingolstadt erzogen, unter dem Einfluß seiner strenggläubigen Mutter und verpflichtet durch das Testament seines Vaters, schickte er sich an, Protestantismus und Ständemacht in seinem Herrschaftsbereich gleichermaßen zurückzudrängen. Daß ihm dieser Zusammenhang klar war, hat H. Sturmberger überzeugend nachgewiesen.[18] Den Ausgangspunkt bildeten die landesfürstlichen Städte und Märkte, über die dem Fürsten nach Ferdinands Auffassung »das absolutum et merum imperium« zustand. Sogenannte »Reformationskommissionen« reisten mit militärischem Aufgebot durchs Land, setzten die Einwohner auf alle mögliche Weise unter Druck, stellten sie äußerstenfalls vor die Wahl, zu konvertieren oder auszuwandern. Die rechtliche Basis bildete der Augsburger Religionsfrieden, der das ius reformandi den Landesherren zusprach, nicht den Ständen. Deren Proteste blieben denn auch unbeachtet. Im Sommer des Jahres 1600 wurden als letzte die Einwohner der Landeshauptstadt Graz vor die bekannte Wahl gestellt: 150 Familien nahmen die Emigration auf sich. Der Schlußakt, die Ausweisung des protestantischen Adels, erfolgte zwar erst 1628, aber die Entscheidung war letztlich um 1600 gefallen, in Steiermark und auch im übrigen Innerösterreich. Sie erregte weithin Aufsehen.

Dennoch, im Machtbereich der deutschen Habsburger insgesamt verschob sich das Kräfteverhältnis zwischen Landesherr und Ständen nach der Jahrhundertwende zunächst einmal zugunsten der Stände. Das hing mit der erwähnten Dynastie- und Staatskrise zusammen, die unter der Bezeichnung »Bruderzwist im Hause Habsburg« bekannt geworden ist. Diese Krise speiste sich aus vielen Quellen. Da war einmal die Person des Kaisers Rudolf. Anfangs wissen seine Biographen Rühmliches von ihm zu berichten: seine solide Bildung, seine regen geistigen Interessen besonders für Kunst und Naturwissenschaft, sein großartiges Mäzenatentum und anderes mehr. Daß sein Mäzenatentum die Richtigen traf, aber auch die weniger Richtigen und die ganz

Falschen, mag unerheblich sein, und am allgemeinen Zeitgeist lag es, daß sein als »naturwissenschaftlich« bezeichnetes Interesse nur zu oft der Alchemie, der Goldmacherei, der Astrologie und anderen dubiosen Künsten galt. Aber das stand am Anfang. Mit zunehmendem Alter trat das auf, was E. Zöllner vornehm »geistige Störungen« nennt – andere waren in dieser Hinsicht weniger vornehm.[19] Die praktischen Folgen jedenfalls sind bekannt. Die Abneigung des Kaisers gegen die Regierungsgeschäfte steigerte sich zu langen Perioden völliger Unzugänglichkeit. Sein Mißtrauen gegen seine Verwandten, vor allem gegen seinen jüngeren Bruder Matthias, steigerte sich ebenfalls. Rudolf hatte keine eigenen Erben, dennoch bestürmte ihn Matthias vergebens, ihn noch bei Lebzeiten des Kaisers zum deutschen König wählen zu lassen, um dem Haus Habsburg die Kaiserkrone zu sichern. Den gefährlichen Hintergrund zu alldem bildete die verworrene Lage in Ungarn und die damit stets verbundene Türkengefahr.

Auf die Einzelheiten einzugehen, würde den Rahmen dieser Darstellung sprengen. Es genügt hier, die Ergebnisse festzuhalten. Nachdem auf Druck aller Erzherzöge Matthias vom Kaiser die nötige Vollmacht erhalten hatte, brachte Matthias 1606 einen Ausgleich mit den Ungarn zustande, freilich nur gegen große Zugeständnisse an die ungarischen Stände. Sie hatten nicht nur ständische und religiöse Freiheiten und ein gewisses Maß an Selbständigkeit in der Verwaltung zum Inhalt. Daß Matthias eine Garantie der Abmachungen durch die österreichischen, böhmischen und mährischen Stände hinnehmen mußte, lief auf eine Vereinigung aller Stände der Erblande und ihre Beteiligung an der Außenpolitik hinaus. Mit dem osmanischen Reich wurde noch im gleichen Jahr ein Waffenstillstand abgeschlossen. Der Kaiser ratifizierte zwar die Verträge, versuchte sie aber anschließend zu hintertreiben und beschwor damit die Gefahr eines neuen Türkenkrieges herauf. Damit wuchs sich die Dynastiekrise in eine echte Staatskrise aus. Matthias schloß mit den ungarischen, österreichischen und mährischen Ständen ein Bündnis zum Schutz der Verträge von 1606. Die Antwort des Kaisers bestand darin, das Bündnis für illegal zu erklären. Daraufhin griff Matthias zur Gewalt und marschierte auf Prag. Rudolf suchte nun wie zuvor sein Bruder die Unterstützung der Stände, in seinem Fall der böhmischen. Das rettete ihm in der Tat den Rest seiner Herrschaft, doch war auch hier der Preis hoch. Im Majestätsbrief von 1609 räumte der Kaiser den Böhmen weitgehende Rechte ein, wie sie auch Matthias seinen ständischen Verbündeten mit mehr oder weniger großen Unterschieden hatte zugestehen müssen. Die Hauptgewinner im habsburgischen Bruderzwist waren eindeutig die Stände.[20]

Kaum war die Situation in den Erblanden einigermaßen entschärft, brach im Reich ein Konflikt aus, der einige Voraussetzungen zu einem großen Krieg in sich trug. Bei diesem »Jülich-klevischen Erbfolgestreit« ging es um das größte Territorium am Niederrhein und im deutschen Nordwesten, das aus den Herzogtümern Jülich, Kleve und Berg sowie den Grafschaften Mark und Ravensberg bestand. Von seiner Düsseldorfer Residenz aus hatte seit 1592 Herzog Johann Wilhelm regiert, aber lediglich nominell, denn er war geistig umnachtet. Da er außerdem selbst keine Erben hatte, entbrannte schon zu seinen Lebzeiten der Kampf um die Nachfolge. Aufgrund der komplizierten Rechtslage erhoben gleich fünf Parteien Erbansprüche, und der Kaiser versuchte sich einzumischen. Die benachbarten Mächte waren ebenfalls höchst interessiert. Wie der Kaiser wünschte auch Spanien eine katholische Dynastie, Holland natürlich eine protestantische, und Frankreich war in jedem Fall darauf bedacht, die habsburgische Position zu schwächen. Im Mai 1609 trat der Erbfall ein. Zwei der Anwärter, Kurfürst Johann Sigismund von Brandenburg und Pfalzgraf Wolfgang Wilhelm von Pfalz-Neuburg besetzten die Territorien im Handstreich und einigten sich im Dortmunder Vertrag auf eine Gemeinschaftsregierung bis zur Klärung der Rechtslage. Der Kaiser hingegen erklärte den Dortmunder Vertrag für ungültig und beanspruchte die vorläufige Verwaltung. Aber statt kaiserlichem Befehl gemäß die niederrheinischen Länder zu räumen, suchten sie Verbündete zur bewaffneten Abwehr. Der Brandenburger trat der Union bei, die ihre Hilfe von einem Bündnis mit dem französischen König abhängig machte. Heinrich IV. von Frankreich war schon lange entschlossen, bei einer günstigen Gelegenheit gegen Habsburg loszuschlagen. Schon hatten England und Holland ihre Hilfe in Aussicht gestellt, schon waren zwei französische Armeen einsatzbereit – da fiel der französische König in Paris einem Attentat zum Opfer. Die Kriegsgefahr im Jülich-klevischen Erbfolgestreit war damit aber nur fürs erste gebannt. Jeder der beiden gemeinsam regierenden lutherischen Fürsten wollte das ganze Erbe und sah sich nach geeigneten Verbündeten um. Beide wechselten dabei die Konfession. Der Brandenburger wurde Calvinist und gewann die Holländer für sich, der Pfalz-Neuburger wurde Katholik und brachte Spanien, Kaiser und Liga auf seine Seite. Wieder kam es zum Truppenaufmarsch, doch konnte der Konflikt letztlich durch eine Teilung des Erbes entschärft werden. Der Pfalz-Neuburger erhielt die Herzogtümer Jülich und Berg, der Brandenburger Kleve, Mark und Ravensberg.[21]

Noch war der Kampf um das niederrheinische Erbe im vollen Gange, als Kaiser Rudolf 1612 starb und sein Bruder Matthias zum neuen Kaiser gewählt wurde. Die Nachfolgefrage für die Erblande blieb dennoch offen. Alle Erzherzöge der Hauptlinie waren wie Matthias kinderlos. Sie einigten sich auf einen gemeinsamen Verzicht zugunsten der steirischen Linie, also praktisch zugunsten des Erzherzogs Ferdinand. Kardinal Klesl, Kaiser Matthias' erster und maßgeblicher Berater, hatte zwar Bedenken gegen Ferdinand, drang damit aber nicht durch. Mehr Schwierigkeiten machte dagegen die spanische Linie. König Philipp III. von Spanien wollte seine Erbansprüche anerkannt wissen. Es ist müßig, nach der rechtlichen Grundlage dieser Erbansprüche zu fragen. Die deutschen Habsburger waren auf spanische Unterstützung angewiesen, würden es in Kürze mehr sein denn je. Die Wünsche der spanischen Linie mußten also berücksichtigt werden. Nach ersten Verhandlungen im Jahre 1613 kam es im Frühsommer 1617 zur Einigung. Hinter Klesls Rücken schloß Erzherzog Ferdinand den Oñatevertrag, benannt nach dem spanischen Botschafter Graf Oñate. König Philipp verzichtete zugunsten von Ferdinand auf seine Erbrechte, die aber grundsätzlich im Vertrag anerkannt wurden. Ob die in Aussicht gestellte Übertragung des Elsaß an die spanische Linie ernst gemeint war, muß dahingestellt bleiben. Vielleicht sollte sie nur als Faustpfand dienen, um sie später gegen ein anderes Entgegenkommen der deutschen Habsburger einzutauschen. Schließlich verpflichtete sich Ferdinand noch, die spanische Linie bei eventuellen Belehnungen in Reichsitalien zu unterstützen.[22]

Nachdem dieses letzte Hindernis in der Erbfolgefrage beseitigt war, kam es für Ferdinand darauf an, die Kronen Böhmens und Ungarns zu erringen. Daß hier tatsächlich ein hartes Ringen zu erwarten war, hatten die böhmischen Stände mit dem Anspruch auf freie Königswahl angemeldet. Nach älterem Recht stand den Ständen ein Wahlrecht nur zu, wenn die regierende Dynastie im Mannesstamm ausgestorben war, sonst hatten sie den nächsten Erbberechtigten nicht zu wählen, sondern »anzunehmen«. In den Wirren des habsburgischen Bruderzwistes hatte Matthias allerdings eine Art Wahl hinnehmen müssen. Schon lange spielten einige Vertreter der Stände sowohl in Böhmen wie in den übrigen Erblanden mit dem Gedanken, beim nächsten Herrscherwechsel das Haus Habsburg durch ein anderes zu ersetzen. Es waren dies zumeist Calvinisten wie Wenzel v. Ruppa und seine Freunde in Böhmen und Tschernembl in Oberösterreich, und ihnen lag es nahe, die neue Dynastie in der Kurpfalz, der Führungsmacht des Calvinismus im Reich zu suchen. Eifrig bestätigt wurden sie darin von dem Leiter der kurpfälzischen Politik dieser Zeit, dem Fürsten Christian v. Anhalt.[23] Geschworener Feind der Habsburger suchte er seit langem betriebsam nach Möglichkeiten, der deutschen oder der spanischen Linie zu schaden. Dennoch gelang es auf dem im Juni 1617 in Prag eröffneten Landtag, bis auf wenige Beharrliche alle Ständevertreter zur Annahme Ferdinands zu bewegen. Die vorausgegangene gründliche Beeinflussung der Landtagsteilnehmer, die Achtung vor dem alten Recht, die rhetorische Meisterleistung der prohabsburgischen Kronbeamten – dies alles kann doch nicht ganz die Zustimmung auch entschiedener Gegner zu jenem Ferdinand von Steiermark erklären, von dem sie schließlich genau wußten, was sie zu erwarten hatten. Nachträglich versuchten sie noch zu retten, was zu retten war, verlangten vor der Krönung die Bestätigung aller ihrer Privilegien einschließlich des Majestätsbriefs. Dies geschah auch und mochte manchen beschwichtigen.[24]

Viel schwieriger gestalteten sich für Ferdinand die Dinge in Ungarn. Der Reichstag konnte erst im März 1618 eröffnet werden; die Krönung erfolgte im Juli. Nicht nur waren die Verhandlungen mit den Ständen schwieriger, es mußten auch größere Zugeständnisse gemacht werden wie die Bezeichnung der Annahme als Wahl, wenn auch unter Wahrung alter Rechte. Das Schlimmste aber war: Noch bevor Ferdinand die ungarische Krone aufs Haupt gesetzt wurde, drohte ihm die böhmische schon wieder verloren zu gehen – am 23. Mai 1618 hatte der Prager Fenstersturz den Aufstand in Böhmen signalisiert.

II. Der Kriegsverlauf

1. Der böhmisch-pfälzische Krieg (1618–1623)

Ferdinand hatte sich verpflichten müssen, bei Lebzeiten von Matthias sich aller Einmischung in die Angelegenheiten Böhmens zu enthalten, und die nach Abreise des Kaisers aus Prag einsetzende Politik erfolgte in dessen Namen. Aber sie entsprach gewiß auch den Absichten Ferdinands. Schon die Personalpolitik bei Regelung der Statthalterregierung ließ die neue Richtung erkennen. In das zehnköpfige Statthalterkollegium wurden nur drei Protestanten aufgenommen, dafür aber in Person der Herren Martinitz und Slawata zwei erklärte Feinde des Majestätsbriefs. Jedenfalls sahen sich die protestantischen Stände Böhmens alsbald massiven Ansätzen zur Beschränkung ihrer ständischen und religiösen Rechte gegenüber. Dabei ging es noch nicht einmal um die Aufsehen erregende Schließung bzw. Niederreißung der evangelischen Kirchen von Braunau und Klostergrab. Der Bau dieser Kirchen beruhte auf rechtlichen Grundlagen, über die man tatsächlich streiten konnte, und die auch schon lange vor 1617 umstritten waren. Es gab gravierendere Übergriffe als den, daß dort nicht nur der Kirchenbau, sondern die evangelische Religionsausübung überhaupt verboten wurde. Dazu kamen bedenkliche Eingriffe in die Verwaltung der Städte. Im März 1618 ging ein geharnischter Protest nach Wien, doch glatte Ablehnung war die Folge. Darauf schritt die radikale Gruppe um Graf Thurn zur Tat.

Am 23. Mai 1618 wurden Martinitz und Slawata samt ihrem Sekretär aus einem Fenster der Prager Burg gestürzt. Was aussehen sollte wie die spontane Tat einer aufgebrachten Menge, war in Wirklichkeit ein geplantes Vorgehen weniger Personen. Der Plan ging insofern nicht auf, als die Opfer überlebten, die blutige Endgültigkeit des Bruchs nicht ganz erreicht wurde. Doch blutig oder nicht, die Entwicklung lief jetzt so, wie ihre Initiatoren es gewollt hatten. Nominell auf dem Boden des Majestätsbriefs, der Landesausschuß und Defensoren beim Bruch der ständischen Privilegien vorsah, erfolgte praktisch die Übernahme der Regierungsgewalt durch die Stände. Ein Ständeausschuß konstituierte sich als Landtag und setzte 30 Direktoren ein, je 10 Vertreter der Herren, der Ritter und der Städte. Schon im Juni konnte die Direktorialregierung militärisch vorgehen und die sich widersetzende Stadt Krumau in Südböhmen erobern lassen.[1]

Die Direktorialregierung versuchte als erstes, ein solidarisches Mitgehen der andern Länder der Wenzelskrone zu erreichen und Verbündete außerhalb Böhmens und seiner Nebenländer zu gewinnen. Die erste Aufgabe ließ sich vorerst nur teilweise lösen. Schlesien und die Lausitzen machten nach einigem Zögern mit, aber Mähren weigerte sich unter dem Einfluß des gemäßigten Karl v. Žerotin.[2] Daneben lief die Suche nach außerböhmischen Verbündeten an. Noch im Sommer 1618 richtete Thurn einen Hilferuf an alle Feinde des Hauses Habsburg. Die erste Reaktion kam natürlich von der Kurpfalz, d. h. von dem rührigen Christian v. Anhalt, der ja schon seit Jahr und Tag in Böhmen Pläne schmiedete. Ihm wiederum gelang die Mobilisierung des Herzogs v. Savoyen, freilich mit sehr fragwürdigen Mitteln, indem diesem Gegner Spaniens in Norditalien die Gewinnung der böhmischen Krone suggeriert wurde. Der Herzog übernahm die Finanzierung einer Söldnertruppe unter dem Kommando des Grafen Ernst v. Mansfeld, die nun nach Böhmen zur Unterstützung der Aufständischen in Marsch gesetzt wurde.[3]

Während die Böhmen rege Aktivität entfalteten, herrschte in Wien zuerst Ratlosigkeit, dann versuchte Kardinal Klesl zu vermitteln, wenn auch gleichzeitig Rüstungen begannen. Dieser Vermittlungsversuch war für die Gruppe um König Ferdinand der letzte Grund zum Staatsstreich. Ende Juli 1618 wurde Klesl in die Hofburg gelockt, verhaftet, bei Nacht und Nebel weggeschafft ins ferne Tirol und dort in Arrest gehalten. Kaiser Matthias protestierte, mußte sich aber damit abfinden. Ferdinands Einfluß wurde nun stärker.

Anfang August waren die ersten Rüstungen soweit gediehen, daß ein kleines Heer in Südböhmen einfallen und einen Kleinkrieg mit Thurns Truppen beginnen konnte. Zudem war es gelungen, eine militärische Autorität unter Vertrag zu nehmen: Graf Buquoy aus den spanischen Niederlanden hatte im Krieg gegen die Holländer Erfahrung und Ansehen erworben. Jetzt trat er in die Dienste der deutschen Habsburger.[4] Schon Ende August führte er Verstärkung zu dem in Böhmen stehenden Heer und wollte den Marsch auf Prag antreten. Da machte das Eintreffen der Truppe Mansfelds den Plan zunichte. Die Kaiserlichen mußten sich auf Budweis zurückziehen, Mansfeld gelang

Ende November die Eroberung von Pilsen. Jahreszeitlich bedingt waren damit die militärischen Aktionen für dieses Jahr beendet.

Alles kam wieder in Bewegung mit dem Tod des Kaisers Matthias im März 1619. Für Ferdinand verschärfte sich die Situation, indem Thurn im April 1619 mit seinem Heer in Mähren einrückte und die mährischen Stände zum Anschluß zwang. Auf dem entscheidenden Landtag in Brünn haben auch die anwesenden katholischen Stände dem Anschluß zugestimmt, mit der späteren Erklärung, es sei gezwungenermaßen geschehen, sie hätten schon in Todesangst zu den Fenstern geschaut. Es hatte die stürmische Versammlung nicht eben beschwichtigt, daß ein gewisser Obrist Wallenstein mit der mährischen Landschaftskasse nach Wien durchgegangen war. Der Obrist wurde in Wien übrigens recht kühl aufgenommen, und das Geld schickte man wieder zurück in der Hoffnung, die mährischen Stände doch noch auf dem Verhandlungswege gewinnen zu können.[5]

Daraus wurde nichts. Thurn brach mit seinem Heer in Österreich ein, zog vor Wien. Die Mehrheit der Stände in Österreich sympathisierte mit ihm, der protestantische Teil der Wiener Einwohnerschaft ebenfalls. Die Brisanz der Situation wurde deutlich bei der sogenannten »Sturmpetition« vom 5. Juni 1619. Als die Vertreter der evangelischen niederösterreichischen Stände in die Hofburg gingen, kam bei den katholischen Wienern das Gerücht auf, sie wollten Ferdinand ermorden, während umgekehrt die evangelischen Wiener an einen Hinterhalt für die Ständevertreter glaubten. Auch literarisch ist die Szene dramatisiert worden. Die Vertreter der Stände sollen Religionsfreiheit gefordert und Ferdinand bedroht haben: Ein Adeliger packt Ferdinand am Wams und schreit: »Nandl, gib dich!« Das ist Legende. Auch ohne Ausschmückung war die Situation für den König gefährlich genug.[6]

Rettung konnte nur von der Armee kommen. Am 6. Juni marschierte Buquoy, aber nicht nach Süden zum Entsatz von Wien, sondern nach Norden, gegen Mansfeld. Beim Dorf Záblat, westlich Budweis, ging Mansfelds Truppe am 10. Juni 1619 in die Falle, die Buquoy ihr gestellt hatte. Die Niederlage fiel so vernichtend aus, daß Thurn mit seinem Heer von der Direktorialregierung sofort zurückgerufen wurde. Im Juli war die Lage für Ferdinand soweit bereinigt, daß er zur Kaiserwahl nach Frankfurt am Main abreisen konnte. Derweilen eilten die Ständedelegierten aus den Ländern der Wenzelskrone nach

Prag, um das Werk des Aufstands zu vollenden. Am 31. Juli beschworen sie die »Confoederatio bohemica«.[7]

Die alte ständische Schwurgemeinschaft eine »Verschwörung« zu nennen, würde die Sichtweise des absolutistischen Fürsten wiedergeben, denn nach heutigem Sprachgebrauch ist mit »Verschwörung« der Makel der Illegitimität verbunden. Nach dem Selbstverständnis der Stände war ihre Schwurgemeinschaft aber völlig legitim: Wahrnehmung des Widerstandsrechts gegen Verletzung ihrer Privilegien. Der König hatte die ständischen Rechte gebrochen, mochte er die Folgen tragen – so sah man es in Prag. Um fünf Punkte ging es bei den Beratungen über die »Confoederatio« hauptsächlich: Wahl- oder Erbmonarchie, Religion, Frage der Kanzlei, Stellung der Kronländer zueinander, Defension. Zuerst wurde die Wenzelskrone zur reinen Wahlkrone erklärt. Der König sollte auf die Foederationsakte verpflichtet werden, das bedeutete Zustimmung der Stände für Kriegsführung, Festungsbau und Schulden, das Vorschlagsrecht für die obersten Beamten und anderes mehr. Die katholische Religionsausübung blieb erlaubt, doch sollte eine Reihe oberer Beamtenstellen ausschließlich Protestanten vorbehalten sein, und die Jesuiten wurden ausgewiesen. In den übrigen Punkten ging es vornehmlich darum, eine Bevormundung der andern Kronländer durch Böhmen zu verhindern, was einvernehmlich geregelt wurde.

Jetzt blieb nur noch der Schlußakt: Wegen Brechung des Kroneides und anderer Rechtsbrüche erklärten die Stände am 19. August 1619 König Ferdinand für abgesetzt.[8]

Die Niederlage der Mansfeld-Armee im Juni 1619 und der dadurch erzwungene Rückzug des böhmischen Ständeheeres schufen, wie gesagt, für Ferdinand die Situation, zur Kaiserwahl nach Frankfurt zu reisen. Dort versuchte Kurpfalz auch noch in letzter Stunde, die Wahl des Habsburgers zu verhindern. Da bei den gegebenen Mehrheitsverhältnissen im Kurkolleg nur ein katholischer Fürst Aussicht auf einen Wahlerfolg haben konnte, hatte der Pfälzer Herzog Maximilian von Bayern zur Annahme einer Kandidatur bewegen wollen – ohne Erfolg. Jetzt ging es nur noch darum, wenigstens den Wahlakt so lange zu verzögern, bis die böhmischen Stände der Kaiserwahl mit der Wahl eines neuen Königs von Böhmen zuvorgekommen waren. Das gelang auch, änderte an der Kaiserwahl freilich nichts. Am 28. August 1619 wurde Ferdinand gewählt.

Zwei Tage vorher hatten die Böhmen gewählt: den Kurfürsten von der Pfalz; einen Tag später hatten die anderen Länder der Wenzelskrone zugestimmt. Aus der Rückschau gesehen konnte es realistischerweise auch gar kein anderer werden. Die einschlägige Literatur spricht zwar meist von drei möglichen Kandidaten und stellt neben den Pfälzer noch den Kurfürsten von Sachsen und den Herzog von Savoyen, aber letzterer war als Kandidat mehr ein Produkt wildbewegter politischer Pläne als Realität, und Johann Georg von Sachsen hatte zwar Anhang in Böhmen, lehnte aber ständische Rebellion und Calvinismus gleichermaßen ab. So stand denn der Pfälzer vor der Entscheidung, die Wenzelskrone anzunehmen oder nicht.

»Sonsten hat Churpfalz den Schlüssel in Händen zum Frieden oder zum Kriege«, schrieb damals der bekannte Publizist Melchior Goldast v. Haiminsfeld in einem Bericht aus Frankfurt.[9] Diese Behauptung mag fragwürdig erscheinen, denn schließlich waren die militärischen Aktionen längst angelaufen, und die Entscheidung über Krieg und Frieden war möglicherweise schon mit der Absetzung Ferdinands durch die böhmischen Stände gefallen. So hat es jedenfalls der Kölner Kurfürst gesehen, der auf diese Nachricht hin die vielzitierte Prophezeiung aussprach, falls es stimme, »möge man sich nur gleich auf einen zwanzig-, dreißig- oder vierzigjährigen Krieg gefaßt machen«.[10] Trotzdem, die unwiderrufliche Verbindung des böhmischen Ständeaufstands mit der Führungsmacht des deutschen Calvinismus, die einen großen Krieg zur annähernden Gewißheit werden ließ – sie stand offiziell noch aus, als Goldast seinen Bericht schrieb. Bekanntlich hat Kurfürst Friedrich tatsächlich mit seiner Entscheidung gezögert. Auf der andern Seite lag die Annahme der Krone auf jener politischen Linie, die von Heidelberg aus schon lange verfolgt worden war. Friedrich nahm die Krone an, im November 1619 wurde er in Prag gekrönt.

Noch während die Entscheidung des Pfälzers ausstand, berieten der Kaiser und die drei geistlichen Kurfürsten in Frankfurt den Ernstfall. Nahm der Pfälzer an und hielt die Union zu ihrem Führungsmitglied, dann war ein Übergreifen des Krieges ins Reich unabwendbar. Die Liga und Spanien sollten in diesem Fall in Aktion treten.

Tatsächlich wurde Maximilian I. v. Bayern zur Schlüsselfigur einer wirksamen Hilfe für Ferdinand. Dabei hatte die Rivalität zwischen den Häusern Habsburg und Wittelsbach eine lange Tradition und blieb auch unter dem gemeinsamen Mantel des konfessionellen Interesses sehr lebendig. Noch im Sommer 1619 bestand Bayerns Hilfe für den bedrängten Vetter in Wien nur aus trostreichen Worten. Jetzt aber, auf der Rückreise von Frankfurt, gelang es dem Kaiser in München, Maximilian und die Liga zur Hilfeleistung zu gewinnen. Im Münchener Vertrag vom 8. Oktober 1619, der »Magna carta der großen katholischen Allianz«, sagte der Bayernherzog die Aufstellung eines Ligaheeres zum Kampf gegen die Aufständischen zu; dafür wurden ihm außer dem Oberbefehl die Erstattung aller Kosten und alle Eroberungen als Pfandbesitz zugebilligt. Noch schwerer wog die mündliche Zusage des Kaisers, nach einem Sieg den Pfälzer zu ächten und die pfälzische Kurwürde auf den bayerischen Wittelsbacher zu transferieren.[11]

Der Münchener Vertrag brachte dem Kaiser vorerst noch keine Erleichterung; im Gegenteil, nach Wien zurückgekehrt, geriet er in arge Bedrängnis. Die Böhmen hatten einen neuen Verbündeten gefunden: den Fürsten von Siebenbürgen, Gabriel Bethlen oder, wie ihn seine ungarische Heimat nannte, Bethlen Gabor. Sein Fürstentum lag zwischen der Wallachei im Süden und dem habsburgischen Teil Ungarns im Norden. Als Vasall des osmanischen Reiches hatte der Siebenbürger freilich nur einen begrenzten politischen Bewegungsspielraum. Dadurch wurde er allein schon zu einem unsicheren Partner, wie seine antihabsburgischen Verbündeten später noch öfter feststellen mußten. Jetzt aber war er den Böhmen hochwillkommen. Der Siebenbürger zog gegen das habsburgische Ungarn, im Oktober stieß er nach Wien durch. Der spanische Botschafter schätzte die Gesamtlage in diesem Augenblick derart kritisch ein, daß er an Buquoy schrieb, das Haus Österreich habe keine Handbreit Sicherheit.[12]

Auf den ersten Blick mußte der Vergleich zwischen den beiden Kontrahenten in der Tat für Ferdinand ganz übel ausfallen. Auf der einen Seite der Kaiser in großer Not, auf der andern der triumphale Einzug des Pfälzers in Böhmen. Trotzdem, bei genauerem Hinsehen waren schon jetzt Schwächen erkennbar, an denen der Ständeaufstand scheitern sollte. Die erste Schwäche lag im Finanzgebaren der Stände – davon ist später zu sprechen.[13] Die zweite zeigt sich beim Vergleich der jeweiligen Verbündeten, sowohl in Europa wie im Reich. Gerade im Spätherbst 1619 wurde die Ungleichheit der Bündnisse deutlich. Bethlen Gabor konnte nicht lange vor Wien bleiben, denn der Polenkönig hatte dem Kaiser Kosakenwerbungen erlaubt, und diese Truppe konnte Bethlen eventuell in den Rücken fallen – er mußte abziehen. Außer vom Siebenbürger wurde Friedrich als König anerkannt von Dänemark, Schweden, Holland und Venedig, aber Hilfe bekam er von diesen Mächten nicht, abgesehen von einer Geldhilfe der Holländer. Der Vater der neuen böhmischen Königin, König Jakob I. von England, lehnte aus Legitimationsgründen und mit Rücksicht auf seine spanische Politik eine wirksame Unterstützung seines Schwiegersohns ab.[14]

Dagegen konnte sich der Kaiser auf die spanische Linie verlassen, und auch die Kurie wurde zu seinen Gunsten aktiv. Ganz ungleichgewichtig war die Verteilung der Verbündeten im Reich, das zeigten die beiden Konvente zu Nürnberg und zu Mühlhausen. Auf den Rat Christians v. Anhalt, der immer noch auf ein allgemeines Eintreten der deutschen Protestanten für die böhmisch-pfälzische Sache hoffte, lud Friedrich alle evangelischen Stände für den Dezember 1619 nach Nürnberg ein. Das Ergebnis war dürftig: Nur Abgesandte der Union erschienen. Den für März 1620 auf Ferdinands Veranlassung ausgeschriebenen Fürstentag zu Mühlhausen besuchten dagegen zahlreiche katholische und evangelische Fürsten. Hier kam das Bündnis mit den kaisertreuen lutherischen Fürsten zustande. Nachdem die katholische Seite zugesichert hatte, sich nicht in die Frage der säkularisierten Kirchengüter einzumischen, d. h. den Besitzstand der Evangelischen anzuerkennen, stimmte Kursachsen zu. In einer weiteren Absprache sicherte der Kaiser Kursachsen bei einer militärischen Hilfe die Lausitzen als Pfand für die Kriegskosten zu. Die von Bayern betriebene Ächtung des Pfälzers wurde allerdings auf Intervention Sachsens bis nach dem Krieg aufgeschoben.[15]

Nachdem im Juli 1620 auch noch eine Nichtangriffserklärung zwischen Liga und Union für das Reichsgebiet ausgehandelt war, stand der Aktion des Ligaheeres nichts mehr im Wege. Über Oberösterreich erfolgte im September der Einmarsch in Böhmen und die Vereinigung mit dem kaiserlichen Herr unter Buquoy, kurz darauf rückten die Sachsen in die Lausitzen ein. Vergeblich warteten die Böhmen auf Hilfe. Bethlen Gabor schickte zwar ein paar Truppen, aber die beschäftigten sich mehr mit Plündern, und Mansfeld bewegte sich nicht von Pilsen weg. Die Truppen der katholischen Mächte zogen trotz aller Ablenkungsmanöver geradewegs auf Prag, um eine schnelle Entscheidung herbeizuführen. Am Abend des 7. November 1620 hatte das böhmische Ständeheer Stellung auf dem Weißen Berg bei Prag bezogen. Am Tag darauf begann dort die Schlacht, die zu den kürzesten des Dreißigjährigen Krieges zählt. Aber ihre Folgen waren weitreichend.

Eine Verteidigung von Prag war nicht organisiert, es herrschte ein

Chaos. Die Stadt schloß die Tore vor den fliehenden Soldaten des Ständeheeres, ja sie machte Anstalten, den inzwischen um alle Sympathien gekommenen König auszuliefern. Im Morgengrauen des 9. November floh der Hof in Richtung Breslau unter solchem Durcheinander, daß ein Archivwagen mit den wichtigsten Papieren auf dem Burghof stehenblieb und den Siegern in die Hände fiel. Prag ergab sich.[16]

Friedrich V. unternahm noch letzte Anstrengungen, um in Schlesien Widerstand zu organisieren – umsonst. Ende Dezember 1620 gab er seine Sache vorerst verloren und flüchtete zwischen den sich nähernden Fronten der Kaiserlichen und Sachsen nach Brandenburg, später nach Den Haag.[17]

Der Kurfürst von Sachsen war wie der Bayer darauf aus, sich sofort Pfandbesitz zu verschaffen, d. h. die Lausitzen zu besetzen. Ernsthaften Widerstand traf er nicht an. Ähnlich verlief die Entwicklung in Schlesien. Der neue Herr verlangte die Aufhebung der Konföderation mit den ungarischen Ständen, den Verzicht auf die freie Königswahl, die ja grundsätzlich gegen das fürstliche Erbrecht ging, die Anerkennung des Kaisers als Landesherrn und eine Geldzahlung. Dafür war er bereit, die ständischen Rechte und die Confessio Augustana zu garantieren. Der Kaiser sträubte sich zwar gegen die Regelung in der Konfessionsfrage, doch mußte er letztlich zustimmen, denn in den Lausitzen und Schlesien hatte er nun einmal keinen anderen Exekutor seines Willens.[18]

Jetzt verblieb Friedrich nur noch ein Land: sein pfälzisches Kurfürstentum. Derweilen er durch Norddeutschland auf der Suche nach Verbündeten reiste, die sich aber nicht finden ließen, quittierte er die angebotene Unterwerfung unter den Kaiser mit solchen Gegenforderungen, als ob er den Krieg gewonnen hätte. Es hat wenig Sinn, über die möglichen Folgen einer Unterwerfung Friedrichs in dieser Situation zu spekulieren, aber die Pfalz hätte er sicher retten können.[19]

Nun also mußte über das Kurfürstentum entschieden werden, wozu dem Kaiser gleich drei Vorschläge eingegangen waren. Der spanische Botschafter Oñate empfahl die Vereinigung der Unterpfalz mit dem Elsaß, Maximilian v. Bayern drängte auf Erfüllung seiner längst bekannten Wünsche nach Ächtung und Besetzung, während die kaiserlichen Räte sich relativ bescheiden mit der Oberpfalz allein begnügen wollten. Im Januar 1621 verhängte der Kaiser die Reichsacht über Friedrich von der Pfalz, Christian v. Anhalt und noch einige andere Fürsten. Mochte dieser Akt noch so problematisch sein, er verfehlte nicht seine Wirkung auf die Union. Deren Führer war nun in der Acht, und jede Hilfe für ihn zog ebenfalls die Acht nach sich. Unter dem Schock der Ächtung und mit Nachhilfe geschickter Verhandlungen erfolgte im April 1621 die Selbstauflösung der Union.

Daß den Spaniern und der Liga die Pfalz nun doch nicht kampflos in die Hände fiel, lag am Auftreten dreier Söldnerführer. Es waren der schon bekannte Mansfeld, der Markgraf Georg Friedrich v. Baden-Durlach und Christian v. Braunschweig. Der Markgraf, durch einen Reichshofratsprozeß seiner katholischen Verwandten gegen ihn persönlich gefährdet, beschloß als Mitglied der Union nach deren Selbstauflösung Krieg auf eigene Faust zu führen, allein mit den Mitteln seines bescheidenen Ländchens, dem seine Aktion eine ungeheure Schuldenlast einbrachte. Mit seinen Werbungen im Winter 1621/22 kam er auf gut 10 000 Mann. Handfestes persönliches Interesse mischte sich bei ihm mit leidenschaftlichem Eintreten für die protestantische Sache, obschon er oft als reiner Idealist geschildert worden ist, als »Selbstloser in Zeiten wilder Selbstsucht«.[20]

Auch das Bild des dritten Söldnerführers, des Christian v. Braunschweig, Administrators v. Halberstadt, ist sehr unterschiedlich in der Literatur gezeichnet. Dem einen schlicht ein Abenteurer, dem andern ein Patriot, dem dritten »von höherer Inspiration«, war er womöglich dies alles zusammen, wobei zumindest nach außen die abenteuerlichen Züge überwogen. Im Gegensatz zu dem schon fünfzigjährigen Markgrafen v. Baden-Durlach gefiel sich der dreiundzwanzigjährige Christian in wilden Worten und Gesten. Die Zeitgenossen haben ihn wegen seiner wüsten Auftritte den »tollen Halberstädter« genannt. Er pflegte eine schwärmerische Verehrung für die Frau seines pfälzischen Dienstherrn, und das »Tout pour Dieu et pour Elle« auf seinen Fahnen als Ausdruck verspäteten ritterlichen Minnedienstes mag man für bezeichnend halten.[21]

Alle drei haben im Frühjahr 1622 mit ihren Heeren den Zug in Richtung Pfalz angetreten. Rein zahlenmäßig waren sie ihrem Gegner überlegen, aber sie vereinigten sich nicht. Nacheinander wurden sie geschlagen oder ausmanövriert. Der Markgraf sah sich schon im Mai bei Wimpfen gestellt und geschlagen. Den Halberstädter ereilte es im Juni bei Höchst, aber er konnte immerhin den größten Teil seines Heeres retten und zu Mansfeld stoßen. Die beiden riskierten dennoch keinen Waffengang mehr. Die rechtsrheinische Pfalz wurde durch Ligatruppen erobert – ins linksrheinische Gebiet waren schon früher die

Spanier eingerückt. Schließlich zog im Sommer 1623 die Ligaarmee unter ihrem Feldherrn Tilly gegen Halberstadt. Der »tolle Halberstädter« dankte zugunsten eines dänischen Prinzen ab, sammelte sein Heer und seinen Kriegsschatz und setzte sich Richtung Generalstaaten ab. Aber dicht vor der holländischen Grenze bei Stadtlohn, westlich von Coesfeld, wurde er am 6. August gestellt und vernichtend geschlagen. Ohne Troß und Artillerie, mit nur wenigen Regimentern entkam er über die Grenze. Nachdem schon im Februar 1623 die pfälzische Kurwürde auf Maximilian v. Bayern übertragen worden war, besiegelten die militärischen Niederlagen das Ende des als »Winterkönig« bekannt gewordenen Pfälzers.[22]

2. Der niedersächsisch-dänische Krieg (1624–1629)

Auf dem Fürstenkonvent zu Mühlhausen 1620, als es darum ging, evangelische Stände für ein Bündnis zu gewinnen gegen die Böhmen, da hatte man den Protestanten versichert, sich nicht in die Frage der säkularisierten Kirchengüter einzumischen, d. h. man hatte ihren Besitzstand anerkannt. Jetzt war das anders. Es konnte kein Zweifel mehr herrschen am festen Willen der katholischen Mächte, die evangelisch gewordenen norddeutschen Fürstbistümer zu restituieren. Drei von ihnen berührten unmittelbar die Interessen des Königs von Dänemark. Christian IV. wollte Bremen, Verden und Osnabrück für seinen Sohn haben. Erst 1622 war es ihm gelungen, dem Prinzen ein Kanonikat in Osnabrück zu erstreiten – mit dem Erfolg, daß Spanier, Wittelsbacher und der Kölner Nuntius im Verein sich um einen katholischen Koadjutor für Osnabrück bemühten. Nun stand das Ligaheer in der Nähe. Der Dänenkönig war bereit zu kämpfen.[23]

Eine andere Macht war es auch: Frankreich. Den Ereignissen in Böhmen hatte man in Frankreich abwartend bis kaiserfreundlich zugesehen, denn angesichts der Hugenottenkriege bestand französischerseits kein Interesse an einer Aufteilung des Habsburgerreiches unter radikale Calvinisten. Das änderte sich mit dem kaiserlichen Sieg und endgültig mit den Vorgängen im Veltlin. Dieses schweizerische Tal stellte ein wichtiges Verbindungsstück dar im Nachschubweg zwischen dem spanischen Herzogtum Mailand und den spanischen Niederlanden. Als hier in den Jahren 1620–22 die Machtverhältnisse ganz zugunsten Spaniens verschoben wurden, war Frankreichs Ansehen in der Schweiz und in Italien gefährdet. 1623 schlossen Frankreich, Savoyen und Venedig ein Bündnis zur Wiederherstellung der Verhältnisse im Veltlin. Aber erst 1624 begann Frankreich die im großen Stil antihabsburgische Politik Heinrichs IV. wiederaufzunehmen. Im April dieses Jahres kam ein Mann in den Staatsrat, der die französische Politik bis auf weiteres beherrschen sollte: Armand-Jean du Plessis, Duc de Richelieu, der spätere Kardinal.[24]

Da auch in England die Zeit der spanienfreundlichen Politik zu Ende gegangen war, kam nun Bewegung in die europäische Diplomatie. Nach Frankreichs Vorstellungen sollte das bestehende Südbündnis – Frankreich, Savoyen, Venedig – mit einem Nordbündnis gekoppelt werden. Dazu wurden verschiedene Pläne ventiliert, wobei aber England und Frankreich stets nur indirekt, als Geldgeber, auftreten sollten, während für die militärischen Aktivitäten einer der beiden skandinavischen Könige vorgesehen war. Im Grunde hatten beide Nordkönige dringendes Interesse daran, die katholischen Mächte von den Meeresküsten fernzuhalten. Nach längerem Hin und Her stellte Gustav Adolf von Schweden schließlich folgende Bedingungen: festes Bündnis zwischen Schweden, England und den evangelischen Reichsständen, Aufbringung einer 50 000-Mann-Armee unter seinem Oberkommando und Geld für die Werbungen bis März 1625. Die Forderungen des Dänenkönigs für einen Angriff auf das Ligaheer nahmen sich dagegen bescheidener aus. Er wollte 30 000 Mann unter seinem Oberbefehl. 5000 davon bot er selbst zu finanzieren an, weitere 7000 sollte England bezahlen und der Rest durch eine Beisteuer des niedersächsischen Kreises unterhalten werden.

Die Generalstaaten versuchten zwar noch einen Vermittlungsvorschlag, indem sie zwei Heere und beide Könige ohne Unterordnung des einen unter den anderen ins Gespräch brachten, aber schließlich setzte sich das günstigere Angebot des Dänenkönigs durch. Damit war Christian IV. am Ziel, denn er hatte unbedingt zum Zuge kommen wollen wegen der wichtigen Frage der norddeutschen Fürstbistümer – und natürlich auch mit Blick auf den schwedischen Rivalen. Der hielt zwar die deutschen Dinge auch weiterhin wachsam im Auge, zog aber im Sommer 1625 in einen neuen Krieg gegen Polen und schied damit vorerst als Kriegspartei im Reich aus.[25]

Christian IV. seinerseits begann sofort zu rüsten, erließ Werbepatente für 10 000 Mann zu Fuß und 4000 Reiter und gewann den Herzog Johann Ernst von Weimar, der schon in Böhmen für den Pfälzer gekämpft hatte. Vor allem aber mußte dem Dänenkönig daran liegen, die Stände des niedersächsischen Kreises hinter sich zu bringen, die ja die Hauptlast der Kriegsfinanzierung tragen sollten. In seiner Eigenschaft als Herzog von Holstein war Christian IV. übrigens selbst deutscher Reichsfürst und Stand des niedersächsischen Kreises. Im März 1625 wurde zu Lüneburg der Kreistag eröffnet, auf dem der Dänenkönig die Bewilligung der Gelder und seine eigene Wahl zum Kreisobersten durchsetzen wollte. Es wurde ein zähes Ringen, und das nicht etwa, weil sich unter den durchweg evangelischen Kreisständen auch ein katholischer Stand befand, nämlich der Kurfürst von Köln in seiner Eigenschaft als Fürstbischof von Hildesheim. Die evangelischen Stände selbst waren geteilter Meinung und alle zusammen wenig kriegsfreudig und noch weniger zahlungsfreudig. Letztlich setzte aber Christian IV. seine Wahl zum Kreisobersten durch und auch die Heereskosten für zunächst 10 000 Mann zu Fuß und 3000 Reiter. Nur war es bezeichnend, daß die Kreisstände sofort um dänische Vorfinanzierung ersuchten. Außerdem setzten sie die Auflage durch, das Heer nur zur Verteidigung des Kreises gegen Angriffe, Durchzüge und Einquartierungen einzusetzen, nicht zu offensivem Vorgehen. Das war natürlich unvereinbar mit dem Programm der antihabsburgischen Mächte in Europa, wonach das Ligaheer geschlagen und Friedrich V. in die Pfalz zurückgeführt werden sollte. Der Dänenkönig hielt sich denn auch nicht an den Kreisbeschluß. Er rückte mit seinem sich noch laufend vermehrenden Heer sofort an die Kreisgrenze und besetzte an der Weser Verden, Nienburg und Hameln – die beiden ersteren Städte gehörten bereits zum westfälischen Kreis.[26]

In dieser Situation kam Wallensteins Angebot, durch eigenen Vorschuß und Kredit für den Kaiser ein Heer aufzustellen. Wallenstein hat später mehrfach unterstrichen, er habe die Armee nur aufstellen, aber nicht permanent unterhalten wollen. Über die Heeresfinanzierung soll zwar in einem anderen Kapitel gesprochen werden, doch sei hier zumindest soviel angemerkt, daß Wallenstein sich über den Zustand der kaiserlichen Finanzen eigentlich im klaren sein mußte. Er ist gewiß ein großes finanzielles Risiko eingegangen, als er hohe Summen in diese Armee steckte. Trotzdem mußte das meiste zum Unterhalt des Heeres aus dem Reich geholt werden, eine Tatsache, die Wallenstein unter anderm mit verhaßt gemacht hat und zu seinem Sturz im Jahre 1630 nicht wenig beitrug.

Über Wallensteins Motive ist viel spekuliert worden, man kann sich aber mit dem wenigen Einleuchtenden begnügen. Wallenstein wußte über die antihabsburgischen Koalitionspläne bestens Bescheid. Böhmen wurde dadurch direkt gefährdet und damit alles, was er selbst hatte und geworden war. Sein Geschick blieb mit dem seines habsburgischen Herrn verbunden, denn eine Restitution des Pfälzers als König von Böhmen hätte ihn ins Exil gebracht, wie er selbst dazu beigetragen hatte, andere böhmische Adelige ins Exil zu schicken. Das allein war schon Motiv genug, was immer sonst an Tatendrang, Ehrgeiz und großen Plänen hinzugekommen sein mag.[27]

Sein Angebot wurde keineswegs sofort mit Freuden aufgenommen, wie man erwarten könnte. Die kaiserlichen Räte in Wien haben rund zwei Monate, Mai und Juni 1625, darüber beraten. Manche vertraten die Meinung, die Rüstung mache erst die Gefahr, Feinde, die noch gar keine wären, würden provoziert. Vor allem: Da kein Geld dasei, müßten des Kaisers Länder ungeheuer beschwert werden. Die Mehrheit aber hielt die Gefahren für real vorhanden, und zwar so viele, daß man sie kaum noch überblicken könne. Dazu kam der Präventivkriegegedanke, der Wunsch, lieber in Feindesland zu kämpfen, als den ungebetenen Besuch zu Hause zu erwarten. Schließlich meinte man auch, die eigene Verhandlungsposition verbessern zu können, wenn man wieder gleich stark wurde. So kamen Mitte Juni die Vereinbarungen von Nikolsburg in Mähren zustande. Wallenstein wurde zum Herzog erhoben und mit der Aufstellung einer Armee in Gesamtstärke von 24 000 Mann beauftragt. Der direkte Auslöser für diese Entscheidung war die Wahl des Dänenkönigs zum niedersächsischen Kreisobersten. Mitte Juli erhielt Wallenstein sein Patent, da hatten die Rüstungen aber schon begonnen.

Die vereinbarten 24 000 Mann waren schon Ende Juli 1625 beisammen, 18 000 zu Fuß und 6000 zu Pferd – eine gewaltige organisatorische Leistung. Dazu wurden Wallenstein diejenigen Regimenter unterstellt, die dem Kaiser schon vorher zur Verfügung gestanden hatten, und die im Elsaß, in Italien und den Erblanden standen, etwa 16 000 Mann. Des Kaisers neuer Feldherr gebot also über eine Gesamtarmee von rund 40 000 Soldaten, von denen das Gros nun in die Nähe des niedersächsischen Kreises rückte.

Die militärische Ausgangsstellung für den neuen Feldzug war im Spätherbst 1625 erreicht. Die kaiserliche Armee hatte Winterquartiere bezogen in Magdeburg und Halberstadt, beide Feinde des Kaisers, denn nur bei solchen und bei den Neutralen sollte bekanntlich das Kontributionssystem Anwendung finden. Damit stand das Ligaheer an der Weser, die kaiserliche Armee hielt die Elbe. Auf der Gegenseite standen die Truppen unter dänischem Oberbefehl bis in den Raum Wolfenbüttel, Göttingen, Minden; dazu kamen die Truppen unter Mansfeld und Johann Ernst v. Weimar.[28]

Der Kriegsverlauf des Jahres 1626 begann mit einem Erfolg der Kaiserlichen, die Mansfelds Sturm auf ihre Elbe-Stellung abschlugen. Noch im Juni schmiedete man große Pläne: Tilly, Wallenstein und ein spanischer Abgesandter trafen sich in Duderstadt bei Göttingen und erörterten einen großen Feldzug gegen Dänemark zu Lande und zu Wasser. Aber schon im selben Monat kam der erste Rückschlag, da Wallenstein Truppen abgeben mußte zur Niederschlagung des großen oberösterreichischen Bauernaufstandes. Dann gelang Mansfeld der Durchbruch zum Marsch nach Südosten, zum vielversuchten Zangenangriff auf Österreich im Zusammengehen mit Bethlen Gabor. Nachdem er noch Truppen an Tilly hatte abgeben müssen, begann Wallenstein den Parallelmarsch mit der Mansfeld-Armee, einen 800-Kilometer-Marsch von Zerbst über Neisse nach Neuhäusel, Neutra und Levice in Oberungarn. Dort steht die kaiserliche Armee am Abend des 30. September den Truppen Bethlens schlachtbereit gegenüber – am nächsten Morgen ist ihr Feind verschwunden, unbemerkt abgerückt. Ganz erfolglos war das Unternehmen dennoch nicht, denn erstens gelang Mansfeld kein großer Einbruch in die Erblande, und zweitens zog es der Siebenbürger angesichts der Lage vor, mit dem Kaiser – wieder einmal! – Frieden zu schließen. Mansfeld, mit Johann Ernst v. Weimar tief zerstritten, verließ die Armee mit wenigen Begleitern und starb noch im gleichen Jahr 1626 auf dem Balkan, möglicherweise unterwegs nach Venedig. Sein Kontrahent Johann Ernst folgte ihm übrigens wenig später in den Tod, und das führerlose Heer wurde von dänischen Kriegskommissaren nach Norden zurückgebracht. Die Dänen hatten allen Grund, um Verstärkung bemüht zu sein: Am 27. August hatte ihnen die Ligaarmee in der Schlacht bei Lutter am Barenberge eine empfindliche Niederlage beigebracht.[29]

Von einer Niederlage waren die katholischen Mächte im Reich zu dieser Zeit noch weit entfernt, und doch wurde gegen Ende des Jahres 1626 etwas in die Wege geleitet, was zu einem Riß zwischen Liga und Kaiser, schließlich zu einer gefährlichen Schwächung der katholischen Mächte führen sollte. In Bruck an der Leitha, südöstlich von Wien, fanden im November Besprechungen zwischen Vertretern des Kaisers und Wallenstein statt, von denen es zwar kein Protokoll gibt, deren Inhalt aber doch ungefähr bekannt ist. Sie bezogen sich auf Winterquartiere, auf eine Verstärkung der Armee und auf Steuern aus Böhmen und Mähren zu ihrer Finanzierung. Dieser Inhalt steht in keinem rechten Verhältnis zu der propagandistischen Wirkung, die erdichtete oder gefälschte Berichte über die Besprechungen hatten und auch haben sollten, vor allem in München. Mit einer Riesenarmee wolle der Friedländer das Reich dem Kaiser unterwerfen – das ungefähr war der Tenor der Propaganda, die bei Maximilian und den Ligafürsten Gehör fand und noch reiche Früchte trug. Bereits Anfang 1627 ging eine Protestnote der Ligisten an den Kaiser.[30]

Dabei blieb es freilich vorerst. Der Krieg gegen die Dänen wurde im Frühsommer 1627 wiederaufgenommen, indem die Wallenstein-Armee zuerst die Reste der ehemals mansfeldischen Truppen ausschaltete. Es folgte der gemeinsame Feldzug von Wallenstein und Tilly nach Holstein und Jütland, gekrönt von mehreren Siegen. So half es den Kurfürsten wenig, daß sie bei ihrer Zusammenkunft zu Mühlhausen im Herbst 1627 bittere Klagen gegen des Kaisers Feldherrn formulierten und eine Reduzierung seiner Armee forderten. Ferdinand II. und Wallenstein waren in diesem Augenblick einiger denn je. Die Reaktion des Kaisers wurde geradezu ein Schlag ins Gesicht sämtlicher deutscher Fürsten: Am 1. Februar 1628 belehnte er den Generalissimus mit dem Land der zuvor geächteten Herzöge von Mecklenburg. Albrecht v. Wallenstein war vom Untertan der Krone zum regierenden Reichsfürsten aufgestiegen.

Zusammen mit der neuen Würde als Reichsfürst hatte Wallenstein noch einen Titel bekommen: »General des ozeanischen und baltischen Meeres«. Das war zwar vorerst nur ein Titel, doch er signalisierte weitreichende maritime Pläne der Habsburger und blieb nicht ohne Wirkung auf andere Mächte. Die maritimen Pläne zielten auf die Mitwirkung der Hansestädte, aber gerade hier wirkte sich der Konflikt mit Stralsund negativ aus. Stralsund, die pommersche Landstadt in strategisch guter Lage, widersetzte sich der Aufnahme einer kaiserlichen Besatzung. Die von Arnim eigenmächtig begonnene Belagerung trieb die Stadt erst Dänemark, dann Schweden in die Arme. Im Juli 1628 band sie sich in einem Vertrag auf zwanzig Jahre, dafür landeten acht schwedische Schiffe mit Kriegsmaterial und Soldaten. Als Wallenstein die Belagerung aufgeben mußte, herrschte weithin Jubel – die Freiheit der Stadt allerdings war dahin; im Westfälischen Frieden wurde sie endgültig schwedische Provinzstadt.[31]

Aufgehoben werden mußte die Belagerung wegen der akuten Gefahr einer dänischen Landung in Pommern. König Christian IV. unternahm einen letzten Versuch und bemächtigte sich im August der Stadt und der Festung Wolgast. Als er sich am 2. September zur Schlacht stellte, konnte Wallenstein die Stralsunder Scharte wieder auswetzen: nach einem fürchterlichen Gemetzel floh der Rest der dänischen Truppen im Schutz der Nacht auf die Schiffe. Anschließend wurden auch die letzten dänischen Stellungen in Holstein erobert.

Im Januar 1629 begannen in Lübeck Friedensverhandlungen mit Dänemark, im Mai wurde der Frieden geschlossen. Er war in erster Linie Wallensteins Werk. Während in Lübeck sinnlose Maximalforderungen ausgetauscht wurden, bei der die kaiserliche Seite auf Landgewinn aus war, präsentierte Wallenstein in Geheimverhandlungen im mecklenburgischen Güstrow maßvolle Vorschläge. Schließlich war der Däne nur zu Lande geschlagen und auf seinen Inseln für die Kaiserlichen unangreifbar. Außerdem versprachen die Botschafter der habsburgfeindlichen Mächte Christian goldene Berge, um ihn zum Weitermachen zu bewegen. So setzte Wallenstein sich durch: Christian verzichtete auf jede Einmischung im Reich, und seine Länder blieben im Vorkriegsstatus.[32]

Der Krieg mit Dänemark war noch in vollem Gange, als der Kaiser sich zu einem militärischen Eingreifen in Oberitalien entschloß. Ende 1627 war der Herzog von Mantua und Markgraf von Montferrat gestorben, die Nachfolge zwischen einem französischen und einem spanischen Parteigänger strittig. Die Spanier brachten Montferrat in ihre Gewalt, während der französische Kandidat, Karl von Nevers, sich in Mantua festsetzen konnte. Auf Betreiben Spaniens ordnete der Kaiser als Oberlehnsherr Treuhandverwaltung für beide Gebiete an und verlangte von Karl von Nevers die Räumung Mantuas – natürlich vergeblich. Frankreich, das seit Kapitulation der Hugenottenhochburg La Rochelle im Herbst 1628 wieder militärisch die Hände frei hatte, begann im Januar 1629 einen Winterfeldzug gegen das mit Spanien verbündete Savoyen und entriß danach den Spaniern die wichtige Festung Casale in Montferrat, dies alles unter wohlwollender Billigung Papst Urbans VIII. So kam es 1629 zum militärischen Zusammengehen beider Habsburger Linien gegen Frankreich: Ein Teil der kaiserlichen Armee wurde zur Unterstützung der Spanier aus dem Reich nach

Oberitalien verlegt – übrigens sehr gegen den Willen Wallensteins, der dringend vor einer Einmischung in den mantuanischen Erbfolgekrieg gewarnt hatte.[33]

Im Jahre 1629 hielt sich der Kaiser im Reich für mächtig genug, einen alten und äußerst komplizierten Streitfall mit einem Streich in seinem Sinne zu entscheiden: Am 6. März 1629 erließ er das Restitutionsedikt. Zum Verständnis muß man weit zurückgreifen bis in die Zeit der Glaubensspaltung, die ja auch eine Spaltung der Kirchengüter war. Im Augsburger Religionsfrieden war das Jahr 1552 als dasjenige festgelegt worden, das später »Normaljahr« hieß: Der in diesem Jahr gegebene Besitzstand sollte nicht mehr verändert werden. Er wurde aber doch verändert, die Säkularisierungen gingen weiter. Nicht nur landsässige Klöster, auch reichsunmittelbare Abteien, Bistümer und Erzbistümer kamen nach 1552 noch in den Besitz protestantischer Fürsten. Mit wachsender Erbitterung wehrte sich die katholische Seite auf dem Prozeßwege dagegen durch Einschaltung des Reichskammergerichts. Nach dessen Sprengung im Jahre 1594 blieb nur noch der kaiserliche Reichshofrat übrig, aber dessen Urteile waren nur soweit durchsetzbar, wie die kaiserliche Macht reichte. Erst ab 1622/23 reichte sie wieder bis in protestantisches Gebiet, nämlich in den pfälzischen Raum, wo sie auch sofort von katholischen Fürsten für Restitutionen in Anspruch genommen wurde. Jetzt, auf der Höhe der kaiserlichen Macht im Reich, wäre eine regelrechte Prozeßlawine möglich gewesen und wurde teilweise auch erwartet. Zwei Gründe sprachen aber gegen ein solches Vorgehen durch die Katholiken. Erstens konnten bei den bestehenden Rechtsmitteln auch am Reichshofrat Prozesse über eine immense Dauer gestreckt werden, und zweitens hätten die Prozeßkosten den Wert so mancher Besitzung überschritten, die da restituiert werden sollte. Diesen gordischen Knoten gedachte der Kaiser mit dem Restitutionsedikt zu zerschlagen.

Seinem Inhalt nach spricht das Edikt zunächst einmal dem Kaiser das alleinige Recht zu, den Augsburger Religionsfrieden authentisch zu interpretieren. In Ausübung dieses Rechts erklärt der Kaiser sodann die Calvinisten für außerhalb des Religionsfriedens und befiehlt die Rückgabe aller nach 1552 von den Protestanten eingezogenen Kirchengüter. Letzteres bedeutete nicht mehr und nicht weniger als die Herausgabe von zwei Erzbistümern (Bremen, Magdeburg), mindestens drei, wahrscheinlich sieben Bistümern (Halberstadt, Minden, Verden, Kammin, Lübeck, Ratzeburg und Schwerin) und über 500

Klöstern vor allem im Raum Württemberg, Franken und Niedersachsen. Das heißt, die konsequente Durchsetzung hätte eine gewaltige Umwälzung der bestehenden Besitz- und Machtverhältnisse ergeben.

Für jeden der betroffenen Reichskreise wurden zur Vollstreckung des Edikts kaiserliche Kommissare bestellt, die mit Hilfe von Subdelegierten und unter Einsatz von Soldaten zur Tat schritten. Die Truppen der Liga und der kaiserlichen Armee deckten letztlich das Unternehmen ab. In Süddeutschland versuchte Wallenstein als erklärter Gegner des Edikts, es zu unterlaufen, aber im Sommer 1630 erhielt er strikten Befehl vom Kaiser. Allerdings blieb das gegenstandslos, weil seine Abdankung schon vor der Tür stand. Der Widerstand der Reichsstände gegen die wachsende Macht des Kaisers hatte sich inzwischen durchgesetzt.[34]

Seit dem Kurfürstentag zu Mühlhausen im Herbst 1627 wiederholte sich neben den Klagen, Beschwerden und Protesten der Reichsstände die Forderung nach gründlicher Reduzierung der kaiserlichen Armee. Besonders Maximilian von Bayern entwickelte sich zum Erzfeind Wallensteins. Nach den Siegen im dänischen Krieg hatte Wallenstein jedoch eine schwer zu erschütternde Position. Erst der kurfürstliche Widerstand gegen die vom Kaiser gewünschte Wahl seines Sohnes zum deutschen König eröffnete neue Möglichkeiten. Sie wurden voll wirksam auf dem Regensburger Kurfürstentag vom Juli bis November 1630. Hier errangen die Kurfürsten einen großen Erfolg. Wallenstein wurde vom Kaiser entlassen – entgegen allen finsteren Erwartungen hat er sich loyal gefügt. In der Frage der Heeresorganisation konnte sich die Liga zwar nicht ganz durchsetzen mit ihren Wünschen, aber das kaiserliche Heer wurde erheblich reduziert und dem Oberbefehl Tillys unterstellt. Schließlich übten die Kurfürsten Druck auf den Kaiser aus, den mantuanischen Erbfolgekrieg zu beenden. Tatsächlich schloß der Kaiser ohne Spanien mit Frankreich Frieden, womit Richelieu einen Erfolg errungen hatte. Der Verzicht auf feindliche Einmischung Frankreichs sowohl im Reich wie in den Erblanden ist zwar in den Vertragstext gekommen, aber dazu hatten die französischen Unterhändler keine Vollmacht. Richelieu, der ja mit Schweden in Verhandlungen stand, ließ sich diese Einmischung auch keineswegs nehmen und desavouierte seine Abgesandten.[35]

3. Der schwedische Krieg (1630–1634)

Als der schwedisch-polnische Waffenstillstand von 1629 vermittelt war, bestand militärisch gesehen eine gute Gelegenheit für Schweden, in den Krieg auf deutschem Boden einzugreifen. Aus dem Lübecker Frieden mit Dänemark hatte der Kaiser keinen Vorteil ziehen können, und zwar in erster Linie wegen des mantuanischen Erbfolgekrieges, den Richelieu geschickt in die Länge zog, um die schwedische Invasion zu erleichtern. Dieser Krieg schwächte die Position des Kaisers im gesamten Reich, denn er band nicht nur große Truppenmengen in Italien. Das Eingreifen Frankreichs eröffnete die Möglichkeit eines französischen Angriffs auf das Elsaß, weshalb nun auch in Süddeutschland Truppenstationierungen nötig wurden. Da infolge der Bedrohung von Schweden her Verbände zum Schutz der Ostseeküste in Pommern und Mecklenburg bleiben mußten, stand für das Reichsgebiet zwischen Küste und Süden nicht mehr viel von der kaiserlichen Armee zur Verfügung. Als Wallenstein im Oktober 1629 auch noch 7000 Mann in die spanischen Niederlande schicken sollte, mußte er seinem obersten Kriegsherrn klarmachen, »das bei so gestalten Sachen nit allein nit sieben tausend Mann, sondern auch nit ein Fendlein dahin geschikt werden könne«.[36] Die damalige Schwäche der Spanier im Krieg mit Holland, die in Brüssel den Wunsch nach kaiserlicher Truppenhilfe ausgelöst hatte, resultierte ebenfalls aus dem mantuanischen Erbfolgekrieg, der starke spanische Kräfte band. Dazu machte sich jetzt die Kaperung einer großen spanischen Silberflotte durch die Holländer im Jahre 1628 als Finanzkrise bemerkbar, die Habsburg insgesamt belastete.[37]

Auch politisch standen die Dinge 1629/30 nicht günstig für die katholischen Mächte im Reich. Wallenstein hat in der eben zitierten Ablehnung einer Truppenentsendung in die spanischen Niederlande dem Kaiser zu verstehen gegeben, daß »ein Generalaufstand im Reich« nicht auszuschließen sei. Das bezog sich auf die Wirkung des Restitutionsedikts, die nebst den Kriegslasten die protestantischen Reichsstände zu verstärktem Widerstand trieb. Politisch entscheidender wurde aber der Gegensatz zwischen Kaiser und Ligafürsten, der auf dem Regensburger Reichstag zur Entlassung Wallensteins und zur Heeresreduzierung führte – dies in einem Augenblick, als die schwedische Landung schon erfolgt war. Kenntnis von der Landungsabsicht erhielt die Liga am 9. April 1630. Die Ligafürsten haben aber die Gefahr seitens der Schweden geringgeschätzt, und die massive Frontstellung gegen Wallenstein leistete dieser Einschätzung Vorschub. Sie waren der Meinung, Gustav Adolf wolle hauptsächlich die geächteten Herzöge von Mecklenburg wieder einsetzen. Der Kaiser hatte Wallenstein mit Mecklenburg belehnt, und die Ligisten zeigten keine Neigung, gegen Schweden zu kämpfen, um Wallenstein das Herzogtum Mecklenburg zu erhalten. Zwar wurde die Möglichkeit erwogen, ob schwedischerseits auch an eine Wiedereinsetzung des Pfälzers gedacht sei, aber für alle Fälle hatte man die Ligaarmee unter ihrem bewährten Führer Tilly.[38]

Die Ligaarmee stand in ihrer Mehrheit im Nordwesten und Süden des Reiches. Kaiserliche Truppen hielten die Ostseeküste, nominell 50000 Mann, die sich aber bei schlechter Versorgungslage durch Krankheit und Desertation laufend verminderten. Außerdem waren sie auf Hunderte von Kilometern an der Küste verteilt mit ganz schlechten Verbindungsmöglichkeiten. Unter diesen Voraussetzungen ist Gustav Adolf am 6. Juli 1630 mit einem Heer von rund 10000 Mann zu Fuß und 3000 Reitern auf der pommerischen Insel Usedom gelandet. Militärisch bildeten die Übersetzung aufs Festland und die Anlage eines Brückenkopfes kein Problem. Anfang 1631 gelang die Eroberung Vorpommerns, und die schwedische Armee konnte in Mecklenburg und Brandenburg operieren.

Trotzdem war das schwedische Unternehmen in dieser Anfangsphase mit hohem Risiko behaftet und vielleicht sogar vom Scheitern bedroht. Das lag an den bedrückenden finanziellen Verhältnissen, in denen sich Gustav Adolf damals befand. Der vor Beginn der Invasion aufgestellte Plan zur Heeresfinanzierung war im wesentlichen zusammengebrochen. Der Schwedenkönig konnte den Feldzug kaum bezahlen und sah sich mehrfach in verzweifelter Lage.[39]

Die politische Entwicklung ließ sich für die Schweden auch nicht gut an. Zwar konnte der König den alten Herzog von Pommern zum Bündnis und zur Zahlung von Hilfsgeldern zwingen, aber freiwillige Verbündete fanden sich nur spärlich, und das waren wahrhaftig nicht die wichtigsten. Der machtlose Pfälzer in seinem holländischen Exil begrüßte Schwedens Eingreifen, und die abgesetzten Fürsten, die Mecklenburger Herzöge und der Administrator von Magdeburg, kamen in der Hoffnung, mit schwedischer Hilfe wieder eingesetzt zu werden. Die großen evangelischen Fürsten verhielten sich ablehnend, den fremden Eroberer fürchtend. Brandenburg etwa hatte allen Grund zu glauben, daß es ums pommerische Erbe betrogen werden sollte – was dann ja auch eintrat. Sachsen betrieb einen evangelischen Fürstenkonvent, um gemeinsam mit den konfessionsverwandten Reichsständen gegen das Restitutionsedikt anzugehen; außerdem wollte es selbst rüsten. Im Reich gewann Gustav Adolf politisch nicht recht an Boden. Dafür kam im Januar 1631 der französisch-schwedische Vertrag von Bärwalde zustande. Gegen Subsidienzahlung sollte Schweden militärisch vorgehen zur gemeinsamen Verteidigung, zur Wiederherstellung der unterdrückten Reichsstände usw.[40]

Erst 1631 reiften einige Erfolge für die Position Schwedens heran. Die Ligaarmee wurde wirkungsvoll geschwächt durch einen Lieferstopp Wallensteins, der es beispielsweise vorzog, sein mecklenburgisches Getreide doch lieber in Hamburg verkaufen zu lassen – über diesen sogenannten »Heeresboykott« ist viel geschrieben worden.[41] Tilly setzte nun all seine Hoffnung auf die Eroberung des reichen Magdeburg. Über Magdeburgs aufsehenerregenden Brand bei der Erstürmung im Mai 1631, bei dem von etwa 30 000 Einwohnern nur 5000 überlebt haben sollen, ist noch mehr geschrieben worden. Wurde der Brand bei der Eroberung durch die außer Rand und Band geratene Soldateska ausgelöst, von der ein Teil selbst in den Flammen umkam, oder hat ihn der Stadtkommandant und Verteidiger Dietrich v. Falkenberg befohlen, um die großen Vorräte nicht in die Hände des Feindes fallen zu lassen? Die schwedische Propaganda beantwortete diese Frage eindeutig, und ihre Antwort wurde im evangelischen Deutschland auch geglaubt. Tatsache ist, daß die Zerstörung Magdeburgs die Versorgung von Tillys Truppen noch schwieriger machte.[42]

Auch politisch geriet Tilly in Schwierigkeiten, als ein im Mai 1631 zwischen Bayern und Frankreich geschlossenes Geheimabkommen bekannt wurde, das praktisch auf eine bayerische Neutralität hinauslief. Schließlich war Tilly Feldherr des Kaisers und der Liga, womit er nun in eine kuriose Lage kam. Die unhaltbare Verpflegungssituation trieb schließlich die Dinge fast aus eigener Dynamik voran. Als der Kurfürst von Sachsen einer Forderung nach klarer Parteinahme auswich, ließ Tilly seine Truppen in Sachsen einmarschieren, in ein Land, in dem sie noch reichlich Verpflegung fanden. Dies wiederum trieb den Kurfürsten ins schwedische Bündnis. Am 18. September 1631 stand Tillys Heer den vereinigten schwedisch-sächsischen Truppen bei Breitenfeld unweit Leipzig gegenüber.

Das Heer der katholischen Mächte war in der üblichen Aufstellung angetreten: dicht massiertes Fußvolk im Zentrum, Kavallerie auf den

Flügeln. Das schwedische Heer trat zwar mit zwei Flügeln an, hatte das Fußvolk im Zentrum aber in kleineren Formationen, dazu Reiterei mit Musketieren gemischt, die eine besondere Staffeltechnik anwandten, und es gab eine zweite Linie – alles taktische Neuheiten aus den Generalstaaten, die ab jetzt auch im Reich überall übernommen wurden. In dieser Schlacht aber wurden sie Tillys Heer zum Verhängnis. Dazu kam, daß der Hauptstoß auf die Sachsen und deren wilde Flucht das Ligaheer auseinanderzog. Der Riß besiegelte sein Schicksal: Es wurde umzingelt, die Niederlage war vernichtend. Tilly konnte verletzt entkommen, nur bescheidenen Resten des Heeres gelang die Flucht. Das Reich stand dem Sieger offen.[43]

Jetzt folgte ein schwedischer Triumphzug ohnegleichen. Zwei Truppenteile zur Kontrolle und Sicherung in Norddeutschland zurücklassend, führte der König in einem Winterfeldzug sein Heer nach Südwesten, kurz vor Weihnachten war er in Mainz. Im März 1632 trennte er abermals einen Teil seiner Truppen ab und ließ ihn am Rhein, mit der Hauptarmee zog er nach Süden: Nürnberg, Weißenburg, Donauwörth. Nach Zerschlagung des letzten militärischen Widerstands am Lech, wobei Tilly tödlich verwundet wurde, erfolgte der Einmarsch in Bayern. Im Mai saß Gustav Adolf in München auf dem Thron Maximilians. Bayern wurde bewußt und scheußlich verwüstet: »Auch er hatte sich nun zur furchtbaren Strategie der verbrannten Erde bekehrt«.[44]

Die sächsische Armee war nach der Schlacht bei Breitenfeld erst gegen Schlesien, dann gegen Böhmen marschiert und konnte im November 1631 Prag besetzen, wurde aber von den Kaiserlichen am weiteren Vormarsch gehindert. Im unbesetzten Teil Böhmens stellte Wallenstein im Winter 1631/32 eine neue kaiserliche Armee auf – sein zweites Generalat begann. Weitgehende militärische und politische Vollmachten waren ihm eingeräumt worden, u. a. zu Friedensverhandlungen mit Kursachsen. Wieder vollbrachte er die organisatorische Meisterleistung, in kurzer Zeit eine große, gut ausgestattete Armee zusammenzubringen. Nun begann, was viele Historiker als »der Zweikampf« fasziniert hat.[45]

Im Juni 1632 vermutete Gustav Adolf einen Zug der Kaiserlichen gegen Sachsen, weshalb er aus München aufbrach. Die Wallenstein-Armee vereinigte sich mit einem kleinen Ligaheer unter Maximilian, und dann ging es gemeinsam Richtung Nürnberg. Vom Äußeren abgesehen hielt sich die Gemeinsamkeit freilich in Grenzen, das lag in der

Natur der persönlichen Beziehungen dieser beiden Männer. Aber auch im sachlich-militärischen Einschätzen der Lage gingen ihre Meinungen auseinander. Maximilian drängte auf offensives Vorgehen und hatte gute Gründe dafür. Noch war der heranziehende Schwede unterlegen und wartete auf die Ankunft selbständig operierender schwedischer Armeekorps. Wallenstein plädierte für die Defensive und setzte sich damit durch. Im Juli 1632 wurde ein befestigtes Großlager bei der Alten Veste nahe Nürnberg bezogen und bestmöglich verproviantiert. Als die schwedischen Truppenteile zusammen waren, soll Gustav Adolf über etwa 45 000 Mann verfügt haben. Aber diese Masse ließ sich auf engem Raum und in der Nähe einer großen Stadt wie Nürnberg schlecht ernähren. Bald schmolzen die schwedischen Truppen durch Hunger, Krankheit und Desertation zusammen. Ein Sturm auf Wallensteins Lager schlug unter erheblichen Verlusten fehl. Knapp 30 000 Mann sollen es gewesen sein, die Mitte September abmarschierten.[46]

Der König zieht mit dem Gros nach Süden, nach Schwaben zuerst, dann weiter östlich. Über diese Bewegung sind die Meinungen geteilt: ein großer Plan dem einen, schiere Ratlosigkeit dem andern. Eine gewisse Unsicherheit in der schwedischen Kriegsführung seit dem ersten Einmarsch des Königs in Bayern ist auch konstatiert worden. Eine ähnliche Kontroverse besteht über die nächsten militärischen Manöver, denn der zweite Schwedenzug nach Süden endete ungefähr wie der erste. Maximilian trennte sich mit dem Ligaheer und kleiner kaiserlicher Verstärkung von Wallenstein und zog nach Süden, um die schwedischen Besatzungen, so gut es gehen mochte, aus Bayern zu vertreiben. Wallenstein dagegen wandte sich gegen Sachsen, und der Schwedenkönig eilte ihm nach. Nach einhelliger Meinung blieb ihm nichts anderes übrig, wollte er nicht seinen wichtigsten Verbündeten verlieren. Gustav Adolfs jüngster Biograph weist das weit von sich, der König wollte nur gegen Sachsen vertragstreu sein. Macht das einen Unterschied?[47] Genug, die kaiserliche Armee zieht die schwedische auf sich, damit freilich endet die Parallele. Stand am Ende des ersten Treffens Wallensteins Sieg an der Alten Veste, folgte dem zweiten Schwedenanmarsch die Niederlage der Kaiserlichen bei Lützen am 16. November 1632, wenn auch der König tot auf dem Schlachtfeld blieb.

Da Heerführer eigene Fehler und Versäumnisse gelegentlich auf andere oder auf höhere Gewalt abzuschieben versuchen, sind solche Entschuldigungen von vornherein verdächtig. Es waren vor Lützen bei den Kaiserlichen Fehler unterlaufen, gleichgültig ob mit oder ohne Schuld des Feldherrn, aber richtig ist auch der Hinweis auf ein hohes Maß an Feigheit vor dem Feind während des Kampfes. Schon beim ersten Angriff der Schweden auf Wallensteins linken Flügel sind dort ganze Regimenter teilweise auf Befehl ihrer Offiziere ohne Schwertstreich vom Schlachtfeld getrabt; einer von ihnen hat sogar mit einer Falschmeldung über die angeblich schon eingetretene Niederlage Verwirrung gestiftet. Nachmittags, um noch ein Einzelbeispiel zu nennen, wurde in einem kritischen Augenblick auf dem rechten Flügel Obristleutnant v. Hofkirchen mit seinem Regiment zum Einsatz dirigiert: Befehlsverweigerung und Flucht war die Reaktion. Ein Vierteljahr später wurde dem Offizier in Prag vom Henker der Kopf abgeschlagen. In diesem »Prager Blutgericht« wurden noch elf weitere Offiziere und fünf Reiter hingerichtet. Allerdings waren dies nicht alle Schuldigen. Einer von denen, die sich in der Schlacht bei Lützen ganz übel verhalten hatten, Obrist v. Bönninghausen, kam dank guter Beziehungen nicht nur ungestraft davon, sondern konnte sogar weiter im Heer Karriere machen.[48]

Nach dem Tod Gustav Adolfs übernahm der schwedische Reichskanzler Axel Oxenstierna mit Vollmacht des Stockholmer Reichsrats die Leitung der schwedischen Politik und Kriegführung in Deutschland. Ein schon vom König verfolgter Plan konnte verwirklicht werden, als Oxenstierna im April 1633 die Gründung des Heilbronner Bundes gelang. Hier schlossen sich die Vertreter evangelischer Reichsstände aus dem kur- und oberrheinischen, dem schwäbischen und fränkischen Kreis mit Schweden zu einer Konföderation zusammen, indem sie sich zur Fortführung des Krieges auf eigene Kosten verpflichteten und dem Reichskanzler als Bundesdirektor auf militärischem und praktisch auch auf politischem Gebiet die Führung überließen. Zweck der Konföderation war die Durchsetzung gemeinsamer Kriegsziele. Alle Versuche, auch noch andere Reichskreise zum Anschluß zu bewegen, sind allerdings gescheitert, nicht zuletzt an Schwedens höchstgeigenen Kriegszielen.[49]

Zugleich sorgten verschiedene Heeresgruppen unter teilweise recht eigenständigen Führern für militärischen Druck auf Kaiser und Liga, so Herzog Georg v. Braunschweig-Lüneburg, der verbündete Landgraf v. Hessen-Kassel und Herzog Bernhard v. Weimar. Ersterem gelang im Juli 1633 ein beachtlicher Sieg über die Kaiserlichen in der Schlacht bei Hess.-Oldendorf an der mittleren Weser. Dieser Sieg wiederum ermöglichte es dem Landgrafen, die ihm von Gustav Adolf zugesprochenen geistlichen Territorien Fulda, Corvey und Paderborn zu erobern. Bernhard v. Weimar dagegen operierte zusammen mit einer zweiten schwedischen Heeresgruppe in Süddeutschland, wo er jeweils im Frühjahr und im Herbst 1633 nach Bayern vorstieß. Im November 1633 gelang ihm die Eroberung von Regensburg. Das nur kleine Ligaheer hatte dem nichts Gleichwertiges entgegenzusetzen, so daß Maximilian auf die Hilfe Wallensteins angewiesen war. Sie blieb aber aus, und weder dringende Gesuche noch angemessene Forderungen des Kaisers konnten daran etwas ändern.

Wallenstein hatte nach Lützen die Armee in die Winterquartiere nach Böhmen geführt, um hier seine arg strapazierten Truppen wieder in guten Zustand zu bringen. Trotzdem unternahm er militärisch fast ein ganzes Jahr lang nichts. Im Oktober 1633 bezwang er eine schwedische Heeresgruppe in Schlesien, das war alles. Statt dessen begann er 1633 in großem Stil Verhandlungen, zunächst mit Kursachsen, um es von Schweden zu trennen – dazu hatte er Vollmacht. Es dauert aber nicht lange und seine Verhandlungen bewegten sich in Bahnen, die der Kaiser unmöglich billigen konnte, etwa der Rückkehr zum Status von 1618. Dazu wurden jetzt Kontakte mit Schweden aufgenommen, mit Frankreich, mit verschiedenen böhmischen Exulanten – dazu hatte er keinerlei Vollmacht. Besonders im Zusammenhang mit seinen Kontakten zu emigrierten böhmischen Adeligen ist es zu wilden Gerüchten gekommen, obschon in Wirklichkeit wohl nicht soviel daran war. Wallensteins angebliches Streben nach der böhmischen Königskrone hat in diesem Verwirrspiel seinen festen Platz gefunden. Soweit die Vorgänge überhaupt geklärt werden konnten, läßt sich als Ergebnis festhalten, daß Wallenstein schließlich bei sämtlichen Verhandlungspartnern unglaubwürdig wurde, so widersprüchlich und verworren war sein ausuferndes Planen und Taktieren.

Diese Dinge sind in Wien selbstverständlich nicht lange verborgen geblieben. Seit Mitte 1633 stand Wallenstein hier im Verdacht, sich mit verräterischen Plänen abzugeben. Seine Weigerung, der bedrängten Liga gegen die Schweden zu helfen, war natürlich auch nicht geeignet, das Vertrauen in ihn zu beleben. Es mag dahingestellt bleiben, ob und in welchem Ausmaß ein ganz schlichtes Rachebedürfnis gegen Maximilian, den Hauptakteur bei seiner Entlassung von 1630, dabei eine Rolle gespielt hat.[50] Der Kaiser war jedenfalls gegen Ende 1633 entschlossen, gegen Wallenstein einzuschreiten. Daß der Feldherr sich

im ersten Pilsener Revers vom Januar 1634 die unbedingte Ergeben-
heit von 47 hohen Offizieren schriftlich geben ließ, hat endgültig den
Prozeß in Gang gebracht, an dessen Ende die düsteren Vorgänge in
Eger stehen, bei denen Wallenstein am 25. Februar 1634 den Tod
fand.

Im selben Monat schickte Oxenstierna einen Bericht an den Reichsrat in Stockholm, darin wurde über den Stand der Dinge in Deutschland nüchtern Bilanz gezogen. Im Gegensatz zur militärischen Situation verschlechterte sich die politische Position Schwedens zusehends.
Der Heilbronner Bund war kriegsmüde und vor allem zahlungsunwil-
lig. Die Generalstaaten und die Pfalz trugen sich mit dem Plan, eine eigene Armee aufzustellen, um von Schweden unabhängig zu werden.
Das große Frankreich zeigte sich eifersüchtiger denn je, und die feindselige Haltung von Brandenburg und Sachsen schlug sich in Geheimverhandlungen mit dem Kaiser nieder. Als ob dies alles noch nicht genug wäre, mußte der Reichskanzler auch noch Schwierigkeiten mit
den eigenen Heerführern feststellen, besonders mit dem immer eigen-
sinnigen Bernhard v. Weimar.[51]

Tatsächlich war Schwedens Position schon politisch geschwächt, bevor sie auch militärisch partiell zusammenbrach. In Madrid und Wien
hatten sich neue Einflüsse geltend gemacht. 1633 war der Kardinalinfant Fernando zum neuen Statthalter der spanischen Niederlande er-
nannt worden, und in Wien machten sich immer mehr der Thronfol-
ger, Ferdinand von Ungarn, und sein Berater Graf Trautmansdorff
bemerkbar. Noch hatte Wallenstein den Ambitionen des Thronfolgers
im Wege gestanden, aber das war jetzt vorbei. Im April 1634 nahm
Ferdinand von Ungarn die Stelle des Generalissimus ein, gerade zur
rechten Zeit für eine gemeinsame Aktion mit dem Vetter aus Spanien.
Im Herbst 1633 war ein spanisches Heer aus dem Mailändischen in
Deutschland erschienen und hatte sich am Entsatz der Festung Breisach beteiligt. Der Kardinalinfant folgte 1634 mit weiteren Truppen.

Natürlich wußte der Feind, was sich da auf habsburgischer Seite zu-
sammenzog, folglich vereinigten im Juli 1634 Bernhard v. Weimar und
der Feldmarschall Horn ihre Truppen. Das änderte aber nichts daran,
daß sie selbst feindliche Rivalen blieben. Für die schwedischen Opera-
tionen sollte sich diese persönliche Feindschaft ungünstig auswirken.
Derweilen war der Kardinalinfant mit seiner Verstärkung aus dem
Herzogtum Mailand herangekommen und hatte sich mit dem kaiserlichen Heer vereinigt. Am 6. September 1634 kam es bei Nördlingen

zur Schlacht. Sie begann als Kampf um eine Höhe, ähnlich wie beim Kampf um die Alte Veste bei Nürnberg, gegen die Gustav Adolf hatte stürmen lassen. Horn sollte das in diesem Fall besorgen, während Bernhard v. Weimar ihm dabei Rücken und Flanke freizuhalten hatte. Aber schon der Aufmarsch mißlang: Er wurde zeitig bemerkt, die Höhe verschanzt. Mittags mußte Horn aufgeben und ließ Bernhard benachrichtigen, daß er sich durch ein bestimmtes Tal zurückziehe. Unseligerweise mußte Bernhard gleichzeitig aufgeben und konnte sich nur durch das gleiche Tal zurückziehen. Dort also fand das Gemetzel statt, in dem für Schweden mehr verlorenging als nur eine Schlacht.[52]

4. Der schwedisch-französische Krieg (1635–1648)

Die Schlacht bei Nördlingen im September 1634 führte nach und nach zum Zusammenbruch der schwedischen Macht in Süddeutschland, der Heilbronner Bund verfiel. Schließlich wurden die Schweden noch weiter in Richtung Nordosten zurückgedrängt, und ihre früheren Bundesgenossen fielen in großer Zahl ab. Sachsen und der Kaiser unterzeichneten im Mai 1635 den Prager Frieden, dem sich fast alle Reichsstände anschlossen.[53] Das Reich fand trotzdem keinen Frieden – ebenfalls im Mai 1635 erklärte Frankreich Spanien den Krieg. Frankreichs Kampf gegen die Machtstellung des Hauses Habsburg ging weiter. Der Krieg wurde formell erst 1635 erklärt – Richelieu hatte damit solange wie möglich gezögert –, aber ein Kampf gegen Habsburg unterhalb dieser Schwelle war längst im Gange und keineswegs nur mit diplomatischen Mitteln. Im mantuanischen Erbfolgekrieg waren Frankreich und Habsburg schon aufeinandergestoßen. Dazu kamen die massive Unterstützung des schwedischen Eingreifens im Reich und die Politik der »Einfallspforten« auf italienischem und deutschem Boden wie die schleichende Besetzung Lothringens und die französischen Garnisonen in Festungen des verbündeten Kurfürstentums Trier.[54]

Jetzt also schritt Frankreich zum offenen Krieg gegen das Haus Habsburg, dessen deutsche Linie soeben durch den Prager Frieden einen bedrohlichen Machtzuwachs erreicht hatte. Die Voraussetzungen für den Krieg waren alles andere als günstig. Die Staatsfinanzen befanden sich in chronischer Unordnung. Vor allem das Steuersystem war veraltet und in hohem Maße ungerecht. Die kostspieligen außenpolitischen Unternehmungen hatten den Steuerdruck verstärkt, und hatte schon der verdeckte Krieg große Summen verschlungen, so erst recht der offene ab 1635. In Konsequenz wurde die Steuerschraube noch mehr angezogen, trotz aller innenpolitischen Risiken, die das mit sich brachte. Bereits vor 1635 hatte es Unruhen und Aufstände in Stadt und Land gegeben, jetzt begann eine Reihe von Bauernaufständen in Größenordnungen, die den Einsatz von Militär erforderlich machten. Kaum weniger schlecht als die wirtschaftlichen waren die militärischen Voraussetzungen. Eine Heeresorganisation größeren Stils ist überhaupt erst unter Richelieu aufgebaut worden. Nicht sehr erfahren und mit einer Fülle innerer Schwierigkeiten belastet, betrat das französische Militär den großen Kriegsschauplatz.[55]

Das erste Kriegsjahr verlief für Frankreich auch nicht sonderlich günstig. Der im Mai 1635 gestartete Doppelangriff einer holländischen und einer französischen Armee auf die spanischen Niederlande erbrachte nicht viel. Die Konkurrenz der französischen Heerführer untereinander wirkte störend, ein geschickter Handstreich der Spanier ließ die Anfangserfolge dahinschwinden. Wenigstens operierte Bernhard v. Weimar mit Geschick am Oberrhein und schirmte diesen Teil der Grenze ab. Der bekannte Feldherr hatte nach der Schlacht bei Nördlingen Verbindungen mit Frankreich gesucht und gefunden gegen die Zusage auf eine selbständige Landesherrschaft im Elsaß. 1636 wurde die Lage für Frankreich sogar vorübergehend kritisch. Mit Verstärkung kaiserlicher Truppen, unter denen sich der bayerische Reiterführer Jan v. Werth hervortat, drang der Kardinalinfant in einer Sommeroffensive in Nordfrankreich ein und kam Paris bedrohlich nahe, konnte aber im September wieder zurückgedrängt werden.[56]

Erst das Jahr 1637 leitete eine Änderung der militärischen Lage zugunsten Frankreichs ein. Dies war zunächst den Holländern zu verdanken, denen die Einnahme von Breda und andere Erfolge gegen die spanischen Niederlande gelangen. Sie banden jedenfalls alle spanischen Kräfte, und Frankreich hatte Luft. Im Herbst 1637 ging das Heer unter Bernhard v. Weimar über den Oberrhein, und damit begann der große Kampf um die Schlüsselfestung Breisach, etwas westlich von Freiburg im Breisgau gelegen. März 1638 kam es zur ersten Niederlage der kaiserlich-bayerischen Truppen in diesem Ringen. In der Schlacht bei Rheinfelden, die Bernhard v. Weimar gewann, gerieten der kaiserliche Befehlshaber und andere hohe Offiziere in französische Gefangenschaft, darunter Jan v. Werth. Letzterer gab die Schuld an der Niederlage dem kaiserlichen Oberkommandierenden, dem Generalfeldzeugmeister Herzog Federigo di Savelli, der übrigens aus der Gefangenschaft fliehen konnte. Der bayerische Reiterführer äußerte sich auch sonst grimmig über die militärischen Qualitäten seines Vorgesetzten. Nun wäre solchem Gerede nicht zu trauen, weil persönlich verfeindete Militärs im gleichen Heer geradezu typisch sind für die Armeen des Dreißigjährigen Krieges, aber in diesem Fall ist anscheinend die Einschätzung des Jan v. Werth zutreffend. Schon Wallenstein hatte sich gegen Savelli als einen jener Höflinge gewehrt, die der Wiener Hof ihm gelegentlich als Offiziere aufdrängte – vergeblich. 1631 machte Savelli eine schlechte Figur gegen die Schweden. Nachdem er 1638 außer bei Rheinfelden noch eine zweite Niederlage hinnehmen mußte, wechselte er in den Hofdienst.[57] Damit steht er am Anfang einer Reihe von kaiserlichen Heerführern, die sich ihren Gegnern nicht gewachsen zeigten. In der letzten Phase des Krieges lag – mit M. Ritter zu sprechen – »der Mangel an hervorragenden Führern wie ein Fluch auf dem kaiserlichen Heerwesen«.[58]

Der Kampf um Breisach verlief dramatisch. Die starke Festung, im Besitz der vorderösterreichischen Regierung und habsburgische Schlüsselstellung am Oberrhein, wurde durch Bernhard v. Weimar ausgehungert. Derweilen bot der Kaiser alles zur Rettung auf. Die Taktik des Weimarers bestand darin, die Entsatzarmeen rechtzeitig abzufangen, was ihm zweimal gelang – sozusagen vor den staunenden Augen von Mitteleuropa. Das erste Entsatzheer unter Savelli wurde Ende Juli 1638 bei Wittenweier geschlagen. Der Herzog v. Lothringen führte das zweite Heer, das am 15. Oktober bei Thann im Elsaß abgefangen werden konnte. Erst dem dritten Heer gelang es, bis zum Belagerungsring vorzudringen, aber auch diese erbitterte Schlacht ging für die Kaiserlichen verloren. Im Dezember 1638 waren Stadt und Festung Breisach in der Hand Bernhard v. Weimars. Nach dem Willen Richelieus hätten sie in der Hand Frankreichs sein sollen, aber jetzt zeigte sich wieder einmal die Zweischneidigkeit der Söldnerheere und ihrer Führer. Der Herzog, immer auf der Suche nach einer selbständigen Herrschaft, forderte das Elsaß ohne französische Oberhoheit. Der Kardinal interpretierte den ursprünglichen Vertrag mit Bernhard v. Weimar bezüglich des Elsaß anders; die Vorstellung einer selbständigen Macht unter einem deutschen Fürsten in diesem Raum beunruhigte ihn tief. Der komplizierte Gang der Verhandlungen kann hier ebenso auf sich beruhen bleiben wie die Frage nach den wirklich letzten Zielen des Söldnerführers – im Juli 1639 ist er gestorben. Es gelang mit einiger

Mühe, das führerlos gewordene Söldnerheer unter französischem Kommando in Sold zu nehmen. Breisach und das Elsaß kamen somit doch noch unter französische Kontrolle.[59]

Das Jahr 1639 leitete mit der Vernichtung der spanischen Flotte durch die Holländer den allmählichen Niedergang der spanischen Großmachtstellung ein. Beschleunigt wurde er im folgenden Jahr durch Aufstände in Portugal und Katalonien. Das Königreich Portugal mit seinen Überseebesitzungen war 1581 im Erbgang an Philipp II. von Spanien gefallen, wenn auch nicht ohne Widerstand. Dieser Widerstand wuchs während der Regierung Philipps III. und Philipps IV. soweit an, daß die Umtriebe der französischen Diplomatie auf fruchtbaren Boden fielen. Mit der Zusage französischer Militärhilfe im Rükken schlugen die Aufständischen am 1. Dezember 1640 los. Bereits am 15. Dezember wurde der Herzog von Braganza in Lissabon als Johann IV. zum König von Portugal gekrönt. Die spanische Herrschaft über das iberische Nachbarland war damit für immer vorbei. Auf die Nachricht von Portugals Unabhängigkeit hin liefen in den spanischen Niederlanden Soldaten portugiesischer Herkunft scharenweise zu den Holländern über in der Hoffnung, via Amsterdam nach Hause zu kommen – was auch geschah. Aber das war nur die kleinste der vielen schlimmen Folgen, die der Abfall Portugals für die spanische Macht mit sich brachte.[60]

Direkte französische Angriffe auf Spanien in den Jahren 1638/39 hatten zu keinem für Frankreich positiven Ergebnis geführt, aber um so erfolgreicher war Richelieu bei der Ausnutzung der inneren Schwierigkeiten des Nachbarreiches. Dem Abfall Portugals ging im Sommer 1640 der katalonische Aufstand voraus. Er hatte seine Ursache in dem alten Gegensatz Kataloniens zum kastilischen Hauptland der Monarchie. Er war ein Kampf um regionale und ständische Sonderrechte, nur daß er nicht durch einen konfessionellen Gegensatz verschärft wurde wie etwa der böhmische Aufstand. Aber wenn auch nicht von der französischen Politik verursacht, war der katalonische Aufstand doch alsbald aufs engste mit Frankreich verbunden. Richelieu hat die Gunst der Stunde genutzt und sofort auf seiten der Aufständischen eingegriffen. Die Grundlagen für die Angliederung des damals noch zu Spanien gehörenden Roussillon an Frankreich sind hier gelegt worden.[61]

In all diesen Jahren, von der Kriegserklärung Frankreichs an, ging im deutschen Reich der Krieg der Schweden und ihrer Verbündeten weiter. Das heißt, mit Verbündeten war es nach Nördlingen nicht mehr weit her, weil sich die Reichsstände bis auf wenige Ausnahmen dem Prager Frieden anschlossen – der einzige nennenswerte Helfer Schwedens blieb der Landgraf v. Hessen-Kassel. Auch militärisch sank Schwedens Position auf einen Tiefpunkt. Nachdem die in Süddeutschland operierende schwedische Armee unter Bernhard v. Weimar zum höchsten Verdruß Oxenstiernas in französische Dienste getreten war, stand dem Kanzler nur die in Mitteldeutschland an der Elbe stationierte Armee unter Johan Banér zur Verfügung. Fatalerweise gerieten aber auch die Militärs in den Sog des Prager Friedens: Die deutschen Obristen im schwedischen Heer bangten um ihre Entschädigungen. Schweden war im Augenblick schwach, und die Militärs argwöhnten Friedensverhandlungen über ihre Köpfe und Interessen hinweg. Ab Juni 1635 sah sich Oxenstierna in zähe Verhandlungen mit den Offizieren verwickelt, die um so gefährlicher waren, als sie von latenter Meuterei begleitet wurden. Im September erschien ihm die Lage so prekär, daß er sich bei Nacht heimlich von der Armee absetzte und sich nach Wismar in Sicherheit brachte. Im Monat darauf verlor auch Banér den Mut und überlegte, ob er aufgeben sollte.[62] Aber im September 1635 hatte der ablaufende schwedisch-polnische Waffenstillstand um 26 Jahre verlängert werden können, womit einige zuverlässige Regimenter in Preußen frei wurden – sie kamen sofort nach Pommern. Außerdem gelang Banér ein kleiner militärischer Erfolg, mit ein paar zuverlässigen Regimentern gegen den kursächsischen Teil der Reichsarmee durchgeführt. Dies und Zugeständnisse an die Armee für künftige Friedensverhandlungen retteten die Situation.[63]

Am 4. Oktober 1636 gelang Banér bei Wittstock in Brandenburg ein beachtlicher Sieg über kaiserlich-sächsische Truppen und im Anschluß daran die Einnahme von Erfurt. Die Stadt sollte eine wichtige Rolle im System der Ausrüstung und Finanzierung der schwedischen Armee in Deutschland spielen. Vom flachen Land wurden die Schweden aber schon 1637 wieder vertrieben bis an die Seekante. Im selben Jahr starb Kaiser Ferdinand II. und sein im Vorjahr auf dem Regensburger Kurfürstentag gewählter Sohn folgte als Ferdinand III. (1637–1657) im Kaisertum. Bemühungen des neuen Herrschers, mit Schweden zu einem Separatfrieden zu kommen, blieben ergebnislos, da Schwedens Vorstellungen nicht erfüllt wurden. Statt dessen schloß Schweden 1638 ein folgenschweres Bündnis mit Frankreich zunächst auf drei Jahre, 1641 für die ganze Dauer des Krieges verlängert. Festgelegt wurden in großen Umrissen die gemeinsamen Kriegsziele und das militärische Vorgehen, dazu kam die Verpflichtung der Vertragspartner, nur gemeinsam Frieden zu schließen. Im militärischen Bereich sah die Abmachung vor, daß Frankreich durch Süddeutschland, Schweden aber durch Brandenburg und Sachsen in die kaiserlichen Erblande vordringen sollte.[64]

Diese Linie ist dann auch bis Kriegsende eingehalten worden, allerdings noch nicht im Jahr des Vertragsabschlusses. 1638 rang die in Frankreichs Sold stehende Armee unter Bernhard v. Weimar um Breisach, derweilen Schweden gegen die auf Breisach konzentrierten Kaiserlichen wieder in Pommern und Mecklenburg Fuß faßte. Im folgenden Jahr begannen die Schweden ihren ersten Marsch auf die Erblande. Unter Banér stieß die Armee durch Brandenburg nach Sachsen durch, besiegte in der Schlacht bei Chemnitz im April 1639 ein kaiserlich-sächsisches Heer und drang in Böhmen ein. 1640 kam es erstmalig zur Vereinigung schwedischer und französischer Truppen im Reich – von Thüringen aus sollte der Marsch gegen den Kaiser erfolgen. Daraus wurde zwar nichts, die Armee mußte vor den Kaiserlichen bis nach Niedersachsen zurückweichen, aber im Winter 1640/41 konnten die Schweden unter Banér und französisch-weimarische Truppen unter Marschall Guébriant bis Regensburg vorstoßen und den dort tagenden Reichstag bedrohen. Den antihabsburgischen Mächten war dieser Reichstag höchst unerwünscht, bot er doch dem Kaiser Gelegenheit zu dem Versuch, die Reichsstände auf seine Kriegsziele festzulegen. Die beabsichtigte Sprengung des Reichstags mißlang aber.[65]

Dafür wurde die militärische Lage für den Kaiser zunehmend schlechter. Jahr für Jahr stießen sehr bewegliche schwedische Heere in die Erblande vor, glänzend geführt von Banér, nach dessen Tod 1641 von Lennart Torstensson und ab Dezember 1645 von Karl Gustav Wrangel. Die Kaiserlichen hatten dem nichts Gleichwertiges entgegenzusetzen, wenn auch M. Ritters Urteil über Erzherzog Leopold Wilhelm und Octavio Piccolomini als »achtungswerte Mittelmäßigkeiten« für Piccolomini vielleicht korrekturbedürftig ist. 1642 drangen die Schweden bis Mähren vor, und ihre Reitertrupps streiften bis in die Nähe von Wien. Beim Anmarsch kaiserlicher Truppen zog sich Torstenson nach Sachsen zurück und belagerte Leipzig. Das nachrückende kaiserliche Heer wurde am 2. November 1642 in einer zweiten Schlacht bei Breitenfeld geschlagen. Es ist bezeichnend für die Misere der kaiserlichen Armeeführung, daß man in Wien nach Piccolominis

Ausscheiden Anfang 1643 keinen besseren Rat wußte, als den schon einmal zurückgetretenen Grafen Matthias Gallas erneut mit dem Oberbefehl zu betrauen. Der trunksüchtige Gallas, der bereits in den 30er Jahren des Krieges nur durch besondere kaiserliche Gunst dem Kriegsgericht entgangen war, erhielt nun für zwei weitere Jahre Gelegenheit, seinen Ruf als »Heerverderber« unter Beweis zu stellen.[66]

Diese militärische Lage erlaubte es Schweden, in den Jahren 1643 bis 1645 einen Krieg im Kriege zu führen, indem sich Torstenson mit der Hauptarmee im Herbst 1643 von Gallas' Truppen absetzte und im Dezember Dänemark überfiel. Der Grund lag für die Stockholmer Regierung in den laufenden Verhandlungen zwischen Dänemark und dem Kaiser über ein Bündnis gegen Schweden; dazu ging es um die Ausschaltung Dänemarks aus dem bevorstehenden Friedenskongreß und allgemein um die alte Rivalität der beiden Ostseemächte. Der Absicherung des Unternehmens sollte ein Bündnis Schwedens mit Siebenbürgen dienen – eine späte Variante der so oft versuchten Nord-Süd-Zusammenarbeit gegen Wien wie in den Zeiten Bethlen Gabors. Der Kriegseintritt Siebenbürgens hat tatsächlich die kaiserliche Hilfeleistung für Dänemark verzögert und erschwert, wenn es auch 1645 schon wieder zum Friedensschluß kam. Der Krieg verlief für Dänemark sehr ungünstig, Schleswig, Jütland und Bremen/Verden wurden besetzt. Der Anmarsch einer kaiserlichen Armee unter Gallas blieb zwar nicht ganz ohne Wirkung auf das Kriegsgeschehen, letztlich aber erfolglos. Als am 23. August 1645 der schwedisch-dänische Frieden von Brömsebro geschlossen wurde, hatte Dänemark seine Rolle als Ostseevormacht endgültig ausgespielt. Es mußte Schweden Zollfreiheit am Sund einräumen und erhebliche Gebietsverluste hinnehmen. Über Bremen und Verden war zwar noch nichts vereinbart, aber dem Verbleib dieser Gebiete bei Schweden stand praktisch nichts mehr im Wege.[67]

Der Rückmarsch des kaiserlichen Heeres aus Holstein gestaltete sich zu einer Katastrophe. Im Herbst 1644 von Torstensson blockiert, desertierten die Soldaten in großer Zahl aus Hunger. Nachdem es Gallas schließlich gelungen war, nach Magdeburg zu entkommen, wurde er dort erneut vom Feind eingeschlossen und konnte nur unter großen Verlusten ausbrechen. Mit geringen Resten des Heeres schlug er sich im Dezember nach Böhmen durch. Aber noch einmal suchte der Kaiser die Entscheidung auf dem Schlachtfeld. Mit Einsatz aller Mittel wurde ein neues Heer während des Winters ausgerüstet. Am 6. März

1645 stellte er sich den erneut in Böhmen eingedrungenen Schweden bei Jankau entgegen. Es wurde eine der längsten Schlachten des ganzen Krieges und für den Kaiser eine fürchterliche Niederlage.[68] Gemäß dem französisch-schwedischen Bündnis attakierten die Schweden die kaiserlichen Erblande von Norden, während die Franzosen durch Süddeutschland vorstoßen sollten. Hier aber trat ihnen Bayern in den Weg, und so unglücklich der Krieg für den Kaiser verlief, so erfolgreich gestaltete er sich zunächst für Bayern. Nach dem Tod Bernhards v. Weimar gelang es den Franzosen nicht, auf dem rechten Rheinufer weiter voranzukommen. Erst ein neuer großer Schlag gegen Spanien erlaubte es Frankreich, mit größerer Kraft an der Rheinfront zu operieren. Es war dies die Vernichtung der Kerntruppen der spanischen Flandernarmee in der Schlacht bei Rocroi am 19. Mai 1643. Ein Einfall nach Frankreich aus den spanischen Niederlanden heraus war jetzt nicht mehr zu befürchten, der Druck auf die Rheinfront konnte verstärkt werden. Allerdings verfügte Maximilian v. Bayern im Gegensatz zum Kaiser gerade in diesen Jahren über einen hervorragenden Heerführer in Person des Lothringers Franz v. Mercy. Daß dieser Oberbefehlshaber und sein damals schon berühmter Reiterführer Jan v. Werth in der Regel gut miteinander auskamen, ist angesichts der häufigen Rivalitäten hoher Militärs bemerkenswert. Der erste große militärische Erfolg gelang den Bayern in der Schlacht bei Tuttlingen im November 1643, in der ein französisches Heer nahezu aufgerieben wurde. Nach der für beide Seiten verlustreichen Schlacht bei Freiburg im Breisgau im August 1644 brachte das folgende Jahr den Umschwung. Zwar gelang im Mai noch ein Sieg bei Mergentheim, aber im August 1645 beendete die Schlacht bei Alerheim unweit Nördlingen das bayerische Waffenglück. Nur mit schweren Verlusten konnte der sofortige Durchbruch des Feindes nach Bayern verhindert werden; außerdem kam der Oberbefehlshaber Mercy ums Leben. 1646 erfolgte dann der Vorstoß der vereinigten französischen und schwedischen Truppen nach Bayern mit dem politischen Ergebnis, daß Maximilian sich erstmals seit Kriegsbeginn vom Kaiser trennte und im März 1647 den Ulmer Waffenstillstand mit Frankreich, Schweden und Hessen-Kassel schloß. Doch schon im September des selben Jahres stand er wieder an der Seite des Kaisers, woraufhin Bayern 1648 den nächsten Verwüstungsfeldzug der Franzosen und Schweden erlebte. Zugleich geriet der Kaiser in schwerste Bedrängnis: Im Juli 1648 stürmten schwedische Truppen mit Hilfe von Verrat die

Prager Kleinseite und begannen die Belagerung des auf dem andern Moldauufer gelegenen Teils der Stadt. Dies freilich mußten sie schon aufgeben, noch bevor der Abschluß des Westfälischen Friedens alle Kampfhandlungen beendete.

Der Verlauf des Krieges hatte dem Kaiser das Einverständnis abgerungen, die Friedensverhandlungen mit Frankreich, Schweden und den Reichsständen in Münster und Osnabrück beginnen zu lassen. Aus verschiedenen Gründen, nicht zuletzt infolge des schwedisch-dänischen Krieges, verzögerte sich die Aufnahme der Verhandlungen bis gegen Ende 1644. Aber auch dann noch kam man nicht recht voran, bis Ende 1645 der neue kaiserliche Gesandte Maximilian Graf Trautmansdorff in Münster eintraf. Schritt für Schritt ging Trautmansdorff seinen Instruktionen gemäß auf die von Bayern unterstützten Forderungen der Franzosen ein, während Brandenburg allmählich den Schweden in der Pommern-Frage nachgab. Im Herbst 1646 war man sich über einen der schwierigsten Punkte einig, über die französisch-schwedischen Gebietsforderungen. Jetzt ging es um die strittigen Angelegenheiten im Reich; darunter stand die Frage nach Restitution des Pfälzers obenan. Das große Schachern um Entschädigungen einzelner Reichsstände war ein Kapitel für sich, ein sehr langwieriges. Nicht weniger hart umstritten waren die kirchlichen Streitfragen. Die für den Kaiser härteste Entscheidung, die Trennung von der spanischen Linie der Habsburgerdynastie, fiel erst ganz zuletzt, im September 1648, als das Reich sich vom Kaiser zu lösen drohte und Bayern ein entsprechendes Ultimatum stellte. Als endlich alles geklärt war, die lange Reihe von Unterschriften unter den Vertragstexten stand und die Kanonen von den Wällen der Stadt Münster drei Salven feuerten – da schrieb man den 24. Oktober 1648.[69]

Jetzt bestand noch das nicht geringe Problem, die Truppen abzudanken. Dazu mußte Geld aufgebracht werden, aber das Geld war nicht die einzige Schwierigkeit. Die Söldner hatten im Krieg mehr oder weniger ihren einzigen Lebensinhalt, zumindest ihren Lebensunterhalt gefunden. Was sollte nun aus ihnen und ihrem Anhang werden? Stets bestand die Gefahr, daß sie sich selbständig machten. Tatsächlich gab es einige ernste Meutereien, und es bedurfte großer Geschicklichkeit, um die Soldaten abzudanken bzw. aus dem Land zu schaffen. Das zog sich in die Länge. 1650 waren die meisten Truppen aufgelöst, aber erst 1654 verließen mit der Besatzung von Vechta im Fürstbistum Münster die letzten schwedischen Soldaten das Land.[70]

III. Kriegsziele

1. Die Habsburger

Die führenden Politiker dieser Zeit kann man immer wieder beteuern hören, daß sie zwar Krieg führen, aber nur um den Frieden, genauer: um den gerechten Frieden. Das hängt u. a. mit der frühneuzeitlichen Naturrechtsauffassung zusammen, die Frieden und Recht als Einheit sieht. Wie der innere Frieden des Staates auf der Gerechtigkeit beruht, so auch der Frieden der Staaten untereinander. Wie aber sollte im zwischenstaatlichen Bereich die Rechtsfindung vor sich gehen, wo doch überstaatliche Gerichtshöfe fehlten? Praktisch hatte jeder Souverän im Konfliktfall selbst zu entscheiden, ob sein Recht verletzt war und ob gekämpft werden mußte für die »pax iusta«, für den gerechten Frieden.[1] Auch die konfessionellen Sonderbünde im Reich, Union und Liga, dienten ihrem Selbstverständnis nach lediglich der Erhaltung des Augsburger Religionsfriedens, und insofern hat M. Heckel ganz treffend geschrieben: »Keine der beiden Religionsparteien wollte den Religionsfrieden aufkündigen, sondern ihn bewahren und durchsetzen – auch in dem ganzen langen Dreißigjährigen Krieg, der deshalb gar kein moderner ›Krieg‹ war, sondern ein Kampf um das Recht im ›Frieden‹, der weitergalt und weitergelten sollte in der Sicht der Zeitgenossen«.[2] Aber modern oder nicht – es wurden Kriege geführt, und zwar um bestimmter Ziele willen. Im Sprachgebrauch der Zeit wurden diese Kriegsziele mit der Formel »Krieg um den gerechten Frieden« wiedergegeben, jedoch gingen Machtdenken und Rechtsüberzeugung dabei so eng zusammen, daß politische Ziele als gerechter Frieden verfolgt werden konnten.

Wie noch zu zeigen sein wird, sind die Kriegsziele der beteiligten Mächte in der Literatur recht unterschiedlich eingeschätzt worden. Die Motive der führenden Männer Schwedens und vor allem Frankreichs erschienen oft in günstigem Licht, während dies bei Spanien nur selten der Fall war. Das gar nicht so seltene Zerrbild der spanischen Staatsmänner als Mischung aus »Größenwahn und Machtpsychose« ist zwar schon erheblich korrigiert worden, aber die grundsätzlich negative Einschätzung der spanischen Kriegspolitik blieb. H. Rabe machte ihr zum Vorwurf, die wirtschaftlichen und finanziellen Voraussetzungen Spaniens mißachtet zu haben. J. I. Israel sah in den spanischerseits vorgebrachten wirtschaftlichen und kolonialen Gründen für den Krieg mit Holland rationalisierende Vorwände, der leitende spanische Staatsmann sei wie sein Nachfolger letztlich von Prestigegedanken bewegt worden: »He was in other words motivated essentially by considerations of reputación, his policy being determined by a psychological attitude which simply could not accept the existing status quo in Dutch-Spanish relations«.[3]

Andere wie H. Kellenbenz und zuletzt E. Straub haben viel stärker die kolonialen und wirtschaftlichen Motive herausgestellt, die Spanien dazu veranlaßten, den 1609 mit den Generalstaaten auf zwölf Jahre geschlossenen Waffenstillstand 1621 nicht zu erneuern.[4] Das heißt, erneuert werden sollte er schon, aber nicht zu den bisherigen Bedingungen. Die holländischen Übergriffe auf spanischen Kolonialbesitz waren nämlich trotz des Waffenstillstands weitergegangen, wobei auch die Kolonien des portugiesischen Reichsteiles nicht ausgeklammert blieben. Dies wurde für Spanien gefährlich, weil die Abneigung der Portugiesen gegen die Verbindung mit Spanien von Anfang an groß war und sich jetzt in einem Ausmaß steigerte, das einen Abfall Portugals vom Gesamtreich befürchten ließ – 1640 haben sich diese Befürchtungen bekanntlich bewahrheitet. Dazu kam der Aufstieg der holländischen und – dank des Kupfers – auch der schwedischen Wirtschaft auf Kosten der spanischen. Tatsächlich war »die Leiter der aufsteigenden schwedischen Großmacht immer von der Kupfererzeugung und Kupferausfuhr abhängig«, und Spanien benötigte diesen Rohstoff u. a. zu Rüstungs- und Vermünzungszwecken dringend.[5] Insofern korrespondierte der Aufstieg der schwedischen Macht dem Abstieg der spanischen. Die Wirtschaftskraft der Holländer beruhte dagegen hauptsächlich auf dem Ostseehandel. Diesen zu treffen, hat Spanien alle Möglichkeiten versucht, und hierher gehören auch die vielbesprochenen »maritimen Pläne der Habsburger«.[6] Sie gipfelten in den Projekten des Jahres 1628, als die kaiserliche Armee die deutsche Ostseeküste beherrschte und Wallenstein sich an den Aufbau einer kaiserlichen Flotte machte, die in Zusammenarbeit von Spanien, Kaiser und Polen operieren sollte. Näher darauf einzugehen erübrigt sich hier aber, da alle diese Pläne und Unternehmungen letztlich wirkungslos blieben.

Welche Änderungen im einzelnen die Kriegsziele Spaniens im Verlauf der langen Kriegszeit auch erfuhren – für ihre Durchsetzung hat der von 1622 bis 1643 leitende Staatsmann in Madrid, Graf Olivares, stets auf die Hilfe von Kaiser und Reich gehofft. Verwirklichen ließ sich dieser Einsatz aber nur zeitweise und in begrenztem Umfang. Olivares hat die Schuld daran der Verweigerungshaltung der deutschen Fürsten und der Schwäche des Kaisers zugeschrieben, eine in dieser Vereinfachung sicher falsche Sicht.[7] Tatsache ist aber, daß nach anfänglichem militärischen Zusammengehen von Liga und Spaniern im pfälzischen Krieg Maximilian von Bayern sich jedem Eingreifen von Kaiser und Liga zugunsten Spaniens erfolgreich widersetzt hat. Dabei trieben ihn gewisse politische Gegensätze in Fragen seiner neuen Kurwürde, in den späten 1620er Jahren aber besonders der grimmige Widerstand gegen das, was er und seine Mitfürsten als absolutistische Pläne des Kaisers verstanden. Dieser gesamtständische Widerstand gegen die Habsburger ist dann auf dem Regensburger Reichstag von 1630 erfolgreich geworden.

Das feindselige Verhältnis zu Wallenstein und das Angebot, ein von Mailand in die spanischen Niederlande ziehendes Heer zur Unterstützung Bayerns einzusetzen, haben 1633 zu einer Annäherung zwischen Bayern, Spanien und dem Kaiser geführt. Auch ohne Abschluß einer von Spanien so oft gewünschten formellen Liga hat dieses Zusammengehen den großen Sieg bei Nördlingen bewirkt.[8] Der große militärische Erfolg ließ zwar einerseits die schwedische Machtstellung im südlichen und bald auch im mittleren Deutschland zusammenbrechen, trieb aber andererseits Frankreich zu noch stärkeren Anstrengungen in seinem Kampf gegen Habsburg und damit zum nun beginnenden offenen Krieg. In dessen Verlauf konnte keine Seite wirklich kriegsentscheidende Erfolge erringen, auch wenn es in den Jahren 1635/36 für Frankreich schlechter aussah und danach für Spanien und den Kaiser – der mitunter allzu gradlinig angesetzte Niedergang Spaniens war so schnell noch nicht entschieden. Erst der katalonische Aufstand und der Abfall Portugals leiteten den Weg Spaniens in eine Niederlage ein, die sein Ausscheiden aus dem Kreis der europäischen Großmächte zur Folge hatte. Ein weiterer Schritt auf diesem Weg erfolgte 1646, als der Kaiser in den Verhandlungen mit Frankreich die Stellung Habsburgs am Oberrhein preisgab und damit Spanien zum Friedensschluß mit den Generalstaaten zwang, um die jetzt isolierten spanischen Niederlande zu retten.[9]

Diese Absicht der Spanier, noch verstärkt durch den Wunsch, Frankreich von dem holländischen Bundesgenossen zu trennen, wurde auf seiten der Generalstaaten durch einen schweren Fehler der französischen Diplomatie unterstützt. Anfang 1646 hatte Richelieus Nachfolger, Kardinal Mazarin, dem Prinzen von Oranien einen Teilungsplan vorgeschlagen. Danach wollte Frankreich Katalonien und Roussillon an Spanien zurückgeben im Austausch gegen die Franche Comté und die spanischen Niederlande. Letztere sollten dann zwischen Frankreich und dem Prinzen in der Form geteilt werden, daß Frankreich den Hauptteil erhielt und Oranien das Gebiet Antwerpen. Als ob dem holländischen Handel daran gelegen gewesen wäre, sich die Antwerpener Konkurrenz ins eigene Haus zu holen! Noch unangenehmer aber waren den Generalstaaten die Aussichten, den inzwischen schon machtlosen Pufferstaat der spanischen Niederlande gegen eine unmittelbare Grenznachbarschaft mit Frankreich einzutauschen. Die Möglichkeit, daß spanische Hegemoniebestrebungen durch französische Hegemoniebestrebungen ersetzt werden könnten, erschien im Blickfeld der Holländer ja nicht erst im Jahre 1646. So kamen die spanisch-holländischen Verhandlungen in Münster in Gang, die 1648 zum Friedensschluß unter Anerkennung der vollen Souveränität der Republik der Vereinigten Niederlande führten.

Ohne Unterstützung der deutschen Linie des Hauses Habsburg hat Spanien allein gegen Frankreich und dessen Verbündete weitergekämpft, bis es im Pyrenäenfrieden von 1659 einen Erschöpfungsfrieden eingehen mußte. Zwar konnte der Besitzstand in Italien gewahrt werden, und auch die spanischen Niederlande gingen nicht verloren, aber unter Verlust der Grafschaft Roussillon wurden die Pyrenäen die neue spanisch-französische Grenze, und Teile der spanischen Niederlande fielen ebenfalls an Frankreich. [10]

Spanien hatte also keines seiner ursprünglichen Kriegsziele erreicht. Wie erging es in dieser Hinsicht den deutschen Habsburgern?

Als der alte Gegensatz zwischen Krone und Adel um die Machtverteilung, verschärft durch den Konfessionskonflikt, im Jahre 1618 zum Ständeaufstand in Böhmen führte, herrschte in Wien zunächst Ratlosigkeit, gefolgt von Ausgleichsbemühungen. Der Bruch der Aufständischen mit der Dynastie und die Wahl des Kurfürsten von der Pfalz zum neuen König von Böhmen schufen dann Tatsachen, die das Kriegsziel des österreichischen Habsburgers auf die möglichst schnelle Niederschlagung des Aufstands festlegte, bevor sich die Stände anderer Teile der Erblande anschlossen. Dieses Ziel wurde voll und ganz erreicht und konnte durch alle Schwankungen des großen Krieges bis über 1648 hinaus gewahrt werden. Der Sieg des Kaisers in Böhmen und Mähren führte zu einer gründlichen Umwälzung der Besitz- und Machtverhältnisse zugunsten einer absolutistischen Herrschaft. Auch das konsequent beanspruchte ius reformandi mit seiner gewaltsamen Rekatholisierung konnte aus der Normaljahrsregelung des Westfälischen Friedens herausgehalten werden, in der die Konfessionsverhältnisse auf den Stand des Jahres 1624 festgelegt wurden.[11]

Der Sieg über den böhmischen Ständeaufstand hatte freilich einen Preis, der dem Kaiser fürs erste das Gesetz des Handelns im Reich weitgehend aus der Hand nahm. Im Münchener Vertrag von 1619 gewann Ferdinand II. zweifelsohne seinen wichtigsten Verbündeten für die nächste Zeit, aber im Gegenzug für die Ligahilfe in Böhmen konnte Maximilian I. von Bayern seine Kriegsziele festlegen, die nun im pfälzischen Krieg und in der Übertragung der Kurwürde verwirklicht wurden. Aus bayerischer Sicht war damit ein sehr altes Ziel erreicht. Im Mittelalter hatten sich zwei Linien des Hauses Wittelsbach herausgebildet, die eine in der Pfalz, die andere in Bayern. Im Hausvertrag von Pavia 1329 hatten beide Linien festgelegt, daß die Kurwürde alternieren sollte. Diese Regelung war durch Kaiser Karl IV. zugunsten der Pfälzer Linie gebrochen worden, und die Goldene Bulle von 1356 sprach die Kurwürde allein den Pfälzern zu. Die bayerischen Wittelsbacher hatten dies aber nie anerkannt und ihre Ansprüche durch die Jahrhunderte aufrechterhalten. Maximilian sah in der möglichen Ächtung des Pfälzers eine gute Gelegenheit, das alte Unrecht wettzumachen.[12]

Als sich der Krieg mit Dänemark abzeichnete, schritt der Kaiser nicht zuletzt auf Drängen Maximilians zu Rüstungen, deren Ergebnis eine kaiserliche Armee unter Wallenstein war – letzteres allerdings nicht mehr im Sinne des bayerischen Kurfürsten. Diese Armee sollte Ferdinand II. schließlich nicht nur die Handlungsfreiheit zurückgeben, sondern ihm praktisch zu einer Machtstellung im Reich verhelfen, wie sie vielleicht nicht einmal Karl V. hatte. Wie gezeigt, rief diese Machtfülle sehr bald das Mißtrauen und die Opposition der Fürsten auf den Plan, auch der Ligafürsten. Ja, gerade Maximilian von Bayern sollte zur treibenden Kraft werden gegen des Kaisers Armee und Wallenstein. Vorher aber nutzte Ferdinand II. seine Macht zur Durchsetzung eines ganz besonderen Kriegsziels: des Restitutionsedikts.

Um das Zustandekommen des Edikts zu erklären, ist auf die diversen Parteiungen und Einflüsse am Wiener Hof verwiesen worden, nicht ohne an die Rolle der Jesuiten, insbesondere des kaiserlichen Beichtvaters Lamormaini zu erinnern. Grundsätzlich ist anzuerkennen, daß der unmittelbare Zugang zum Herrscher geradezu ein Verfassungselement in absolutistischen Staaten darstellt.[13] Dabei konnten eben nicht nur die zuständigen Beamten zum Zuge kommen, sondern auch Günstlinge, Kammerdiener, Mätressen oder auch Beichtväter. Im Hause Habsburg hatte Kaiser Rudolf II. gerade ein unerfreuliches Beispiel für den Einfluß von Kammerdienern, Bademeistern und ähnlichen Leuten geliefert. Im Falle Ferdinands II. und seines Beichtvaters kam für manche Autoren noch der Reiz der geheimnisvollen Macht im Hintergrund hinzu: Die Ordenszentrale der Jesuiten in Rom zieht im geheimen die Fäden, ihr ausführender Agent vor Ort ist der Pater Lamormaini und der Kaiser die Marionette.[14]

Das kann nun von Ferdinand II. sicher nicht behauptet werden. Im übrigen war ja die im Restitutionsedikt gipfelnde Politik wahrlich nichts Neues, sondern hatte lange Tradition. Restitutionen waren das erstrebte Ziel der katholischen Mächte seit mehr als einem halben Jahrhundert. Dazu bedurfte es keiner geheimnisvollen Einflüsterungen, überhaupt keiner besonderen Einflüsse. Bei den Streitigkeiten der Konfessionen seit dem Augsburger Religionsfrieden war es nicht zuletzt um den Besitz der Kirchengüter gegangen und sollte es noch gehen bis zum Westfälischen Frieden. Restitution, Wiedergewinnung aller seit 1552 von den Protesanten eingezogenen Kirchengüter stand auf dem Programm der katholischen Mächte. Der Wechsel der Machtverhältnisse im Pfälzer Raum brachte die ersten konkreten Schritte. Kaum zeichnete sich mit Tillys Siegen bei Wimpfen und Höchst die militärische Entscheidung ab, begann auch schon der Bischof von Speyer mit Restitutionen.[15] Hauptsächlich ging es allerdings nicht um säkularisierte Klöster, sondern um große geistliche Territorien, die inzwischen unter der Administration evangelischer Fürsten standen, etwa um die Fürstbistümer Magdeburg und Halberstadt, um Bremen, Verden, Osnabrück. Sie hatten schon beim dänischen Kriegseintritt eine wichtige Rolle gespielt, da der Dänenkönig hier Gebiete für seine Dynastie ins Auge gefaßt hatte, um sich im Elbe-Weser-Raum festzusetzen. Die Ligafürsten hatten in der Frage der Restitutionen ursprünglich keine andere Linie vertreten. Wenn sie 1629, als es zur Tat ging, doch dem Restitutionsedikt zwiespältig gegenüberstanden, dann im Blick auf die inzwischen stark gewachsene Macht des Kaisers. Das Edikt nützte ihnen zwar, aber noch mehr dem Kaiser. Ihr Mißtrauen stieg, ihr Widerstand gegen die kaiserliche Armee und Wallenstein erst recht.[16]

Die kaiserliche Politik dieser Zeit ist von vielen Fürsten, evangelischen wie katholischen, als ein Anschlag auf ihre bislang erreichte landesherrliche Stellung, ja, auf die ständische Ordnung des Reiches insgesamt empfunden worden. Zur Machtstellung der kaiserlichen Armee kam noch die Absicht des Kaisers, zugunsten Spaniens in den mantuanischen Erbfolgekrieg einzugreifen. Der Versuch, Kräfte des Reiches für hegemoniale Ziele des Hauses Habsburg einzusetzen, steigerte die Befürchtungen der Fürsten hinsichtlich absolutistischer Pläne. Auch in der modernen Geschichtsschreibung finden sich entsprechende Äußerungen zur kaiserlichen Politik. Vom »kaiserlichen Despotismus« ist die Rede und von der »Diktatur in Gestalt eines absoluten Dominats« oder – vorsichtiger – von den »Möglichkeiten zu einem monarchisch-absolutistischen Reichsverfassungsumbau«. Tatsächlich aber ist es in der Forschung nach wie vor umstritten, ob und in welchem Ausmaß ein solcher »Reichsabsolutismus« in Wien erwogen worden ist.[17] Hätten wirklich und ernstlich solche Absichten bestanden, dann wäre das Verhalten des Kaisers auf dem Regensburger Reichstag von 1630 doch schwer erklärbar, denn er hat keinen erkennbaren Versuch unternommen, dieses angeblich so wichtige Ziel gegenüber der ständischen Opposition kämpferisch durchzusetzen.

Das Problem des »Reichsabsolutismus« stellt sich erneut im Zusammenhang mit dem Prager Frieden von 1635, dem noch am ehesten nachgesagt worden ist, er habe den letzten Versuch dargestellt, »das Reich in eine wirkliche Monarchie zu verwandeln«.[18] Aber auch hier ist der Forschungsstand uneinheitlich. Während H. Haan jede Absicht des Kaisers auf eine Umgestaltung des Reiches zugunsten einer absoluten Monarchie bestreitet und auch »nicht ein einziges Aktenstück ... als Beleg für ein ›imperiales‹ politisches Programm« sieht, hat jüngst M. Heckel wieder die Ansicht vertreten: »Das Ringen zwischen Monarchie und Ständetum, das sich allenthalben in Europa während der 1. Hälfte des 17. Jahrhunderts entschied, schien nunmehr auch im deutschen Reiche mit dem Siege der kaiserlichen Monarchie zu enden, der sich politisch schon mit dem Restitutionsedikt angebahnt hatte«.[19] Der entscheidende Punkt war die sogenannte Prager Heeresreform, der Versuch des Kaisers, alle Truppen der Reichsstände mit Ausnahme der Festungsbesatzungen in einem Reichsheer unter seinem Oberbefehl zusammenzufassen, obgleich die Stände dieses Heer zu finanzieren hatten. Lediglich dem sächsischen Korps wurde eine Sonderstellung eingeräumt, um den protestantischen Ständen das militärische Zusammengehen mit dem Kaiser zu erleichtern.[20] Ob darin mehr zu sehen ist als lediglich eine Reaktion auf die damalige militärische Lage im Reich, muß dahingestellt bleiben. Tatsache ist, daß sich diese Vorstellungen nicht verwirklichen ließen, da Maximilian von Bayern auf keinen Fall bereit war, die Befehlsgewalt über seine Truppen aus der Hand zu geben.

Unumstritten war es das Ziel des Prager Friedens, gegen die fremden Kronen, also gegen Frankreich und Schweden, militärisch vorzugehen – Kaiser und Reich sollten nach dem Willen des Vertrages den Frieden unter sich ausmachen. Damit ist die Einigkeit der Forschung aber schon wieder zu Ende. Den einen erschien dieser Versuch als tragfähiger Kompromiß, der daran scheiterte, daß er militärisch gegen Frankreich und Schweden nicht durchsetzbar war. Andere sahen die Reichsstände vom Kaiser geschickt dahin gebracht, für das Haus Habsburg in die Schranken zu treten.[21] Es ist richtig: Wer nach der Kriegserklärung Frankreichs an Spanien gegen Frankreich kämpfte, wurde automatisch zum Verbündeten Spaniens. Aber der mögliche Nutzen des Prager Friedens für das Reich war grundsätzlich nicht davon beeinträchtigt, daß seine Durchsetzung zugleich auch ein Nutzen für Spanien werden konnte. Doch wie gesagt, der Versuch, zum Frieden im Reich zu kommen ohne die fremden Kronen, war militärisch nicht durchsetzbar, auch wenn das erst nach und nach deutlich wurde.

Außer Bernhard v. Weimar und dem Landgrafen v. Hessen-Kassel sind zunächst alle deutschen Fürsten dem Prager Frieden beigetreten. Dann aber zeigte sich je länger, je mehr die Bereitschaft der kriegsmüden Stände, den Forderungen der fremden Kronen nachzugeben. Vom Regensburger Reichstag 1640/41 an begann das allmähliche Abrücken von den Prinzipien des Prager Friedens. Schritt für Schritt mußte der Kaiser seine Kriegsziele preisgeben, getrieben von der immer aussichtsloser werdenden militärischen und politischen Entwicklung. Schließlich sah sich der Kaiser sogar gezwungen, das bis zuletzt und mit allen Mitteln verteidigte Bündnis mit den spanischen Verwandten zu opfern. Frankreich wollte den Frieden nur unter der Bedingung, daß Kaiser und Reich sich im weiteren französisch-spanischen Krieg neutral verhalten würden. Die inzwischen errungenen französischen Siege gegen Spanien hatten Aussichten auf größere Kriegsgewinne eröffnet, so daß Frankreich am ursprünglich geplanten gleichzeitigen Friedensschluß mit beiden habsburgischen Linien nicht mehr interessiert war. Es kam nur darauf an, künftig ein völlig isoliertes Spanien zum Gegner zu haben, was andererseits Madrid und Wien unbedingt vermeiden wollten. Als Ferdinand III., einem bayerischen Ultimatum nachgebend, zwischen dem 16. und 22. September 1648 die Entscheidung gegen Madrid fällte, war sein Beistand für die spanische Linie bereits faktisch wertlos, drohten ihm doch mit dem letzten Verbündeten zugleich die Erblande verloren zu gehen.[22]

Hier in den Erblanden hatte der Kaiser das einzige Kriegsziel erreicht, das über den Westfälischen Frieden hinaus Bestand behielt. Die Ständemacht war grundsätzlich zugunsten der Fürstenmacht verschoben, die Herstellung der Konfessionseinheit vorgegeben. Es wurden die Grundlagen der absoluten Monarchie in Österreich.

2. Habsburgs Gegner

Unter den wirtschaftlichen Wechsellagen im Europa der Frühen Neuzeit nimmt das »lange 16. Jahrhundert« einen besonderen Platz ein. Ihm wird ein säkularer Wirtschaftsaufschwung zugeschrieben, der in den letzten Jahrzehnten des 15. Jahrhunderts begann und erst in den Jahren um 1620 in eine Phase der Stagnation und Depression überging, die dann in den meisten Ländern Europas bis zum Anfang des 18. Jahrhunderts dauerte. Über Gründe und Einzelheiten des Ablaufs dieser Konjunktur des langen Jahrhunderts hat es heftige Debatten gegeben, wobei besonders die Frage nach der Entstehung des Kapitalismus und der bürgerlichen Gesellschaft im Vordergrund stand. Einigkeit konnte in diesem Fall aber so wenig erzielt werden wie im nächsten: der Krise des 17. Jahrhunderts. Damit sind neben dem Trendwechsel im wirtschaftlichen Bereich auch noch andere Vorgänge gemeint wie etwa der Umschwung vom bisherigen Bevölkerungswachstum in Verlangsamung, Stagnation oder Rückläufigkeit und eine Häufung von Revolten und Aufständen. Daß sich diese Krise des 17. Jahrhunderts ebenso wie die säkulare Prosperität des langen 16. Jahrhunderts räumlich und zeitlich sehr unterschiedlich ausgewirkt hat, versteht sich.[23]

Auch ohne die Klärung vieler Probleme bleiben der lange Aufschwung des 16. und die Trendwende in der ersten Hälfte des 17. Jahrhunderts für Deutschland unbestritten, und daraus ergibt sich die Frage, wie der Dreißigjährige Krieg in diesem Zusammenhang zu sehen ist. In der Forschung sind zwei gegensätzliche Positionen vertreten. Die eine sieht mehr in der politischen und konfessionellen Entwicklung die entscheidenden Ursachen des Krieges, für die andere ist der Krieg insofern in Verbindung mit dem säkularen Wirtschaftsaufschwung zu sehen, als er einen Teilbereich des großen niederländisch-spanischen Krieges darstellt, in dessen Verlauf sich der neue Staat des fortschrittlichen Bürgertums vom Feudalstaat alter Prägung absetzt und damit einen neuen Abschnitt der europäischen Geschichte einleitet. So hat J. Polišenský die Ansicht vertreten, daß »die Niederlande auf der einen und der Vatikan und die spanischen Habsburger auf der anderen Seite die aktiven Elemente der europäischen Politik vorstellten... Das Beispiel der niederländischen Politik als der des relativ fortschrittlichsten damaligen Staates beleuchtet besser als das der englischen Politik die sozialökonomische Basis des europäischen Geschehens zu Beginn des Dreißigjährigen Krieges«. Abgesehen von der Meinung über die Rolle des Vatikans läßt sich dieser Auffassung die Grundthese von G. Parker an die Seite stellen, der zwar die politische Seite des niederländisch-spanischen Konfliktes betont, aber auch argumentiert, »that the war between Spain and her Netherlands ›rebels‹ between the 1560s and the 1640s played a crucial role in the polarization of international politics, both inside and outside Europe, into two hostile camps«.[24]

Wie immer man die Rolle der Republik der Vereinigten Niederlande im Zusammenhang mit dem großen europäischen Konflikt einschätzt, es ist unübersehbar, daß schließlich Frankreich zum Hauptgegner der Habsburger in Europa wurde. So gewiß Formulierungen wie »Einkreisung Frankreichs« oder »natürliche Grenzen« für die Zeit Richelieus unangemessen sind, so gewiß hat der Kardinal das Ziel wieder aufgegriffen, das schon Franz I. und später Heinrich IV. verfolgt hatten: die Macht des Hauses Habsburg zurückzudrängen, wo immer dies ging. Zunächst mit Vorsicht, durch diplomatische Mittel, Bündnisse und Subsidien, durch Interventionen, durch eine »Politik des Unterwühlens und Konspirierens«, zuletzt aber doch durch offenen Krieg hat der Kardinal das Seine beigetragen, wichtige politische Ziele für die Krone Frankreich zu erkämpfen, auch wenn er ihre Festschreibung im Westfälischen Frieden persönlich nicht mehr erlebt hat.[25]

Wie schon gesagt, sind die Kriegsziele der beteiligten Mächte in der Literatur unterschiedlich eingeschätzt worden. Über die französischen Absichten und vornehmlich den Übergang zum offenen Krieg 1635 wurde damals wie später viel gestritten, in Frankreich selbst wie im Ausland. In Übereinstimmung mit Richelieu haben viele französische Historiker die Meinung vertreten, der Krieg gegen Habsburg sei aus defensiven Ursachen geführt worden und unumgänglich gewesen. Kritische Stimmen haben immer dagegengehalten, Spanien sei schon zur Zeit Philipps III. keine wirklich ernste Bedrohung für Frankreich mehr gewesen und der durch Türken und Protestanten gebundene Kaiser letztlich auch nicht. In neuerer Zeit hat J. Engel ganz entschieden Stellung genommen. Das Haus Habsburg ist für ihn der einzige »Friedensstörer par excellence«. Angebliche Hegemonialbestrebungen Frankreichs werden konsequent als Phantasieprodukte der deutschen nationalliberalen Geschichtsschreibung des 19. Jahrhunderts zurückgewiesen, Richelieus Sprachregelung über gerechten Frieden dagegen wird uneingeschränkt übernommen. Diese hält sich im Rahmen der oben angesprochenen Rechtsauffassung, wonach jeder gerechte Krieg ausschließlich der Wiederherstellung verletzten Rechts dienen darf, also der Wiederherstellung des gerechten Friedens. J. Engel gibt diese Auffassung wieder, wenn er feststellt: »Ein guter und dauerhafter europäischer Frieden war von Anfang an das Ziel des französischen Kriegseintritts«; oder noch deutlicher, wenn er sagt, »daß das Ziel der französischen Kriegspolitik der Friede war«. Das hört sich fast schon so an, als ob es nach den Friedensschlüssen der Jahrhundertmitte in Westeuropa keine Kriege mehr gegeben habe.[26] Aus der großen Zahl der entgegengesetzten Beurteilungen sei hier nur eine, die neueste, zitiert. Bei M. Heckel heißt es zu den französischen Kriegszielen: »Frankreich strebte nach der Führungsrolle in Europa als ›Schiedsrichter der Christenheit‹«. Schließlich noch zwei Äußerungen von Historikern, die sich um einen Kompromiß bemüht haben. F. Dickmann vertritt die Ansicht, »daß für Richelieu europäische Friedensordnung und französische Hegemonie nur zwei Seiten derselben Sache waren«, H. Weber läßt das französische Machtstreben bei Richelieu in einer »bewußt-unbewußten« Weise wirksam sein.[27]

Zunächst einmal ist daran zu erinnern, daß sich auch die französischen Ziele je nach Entwicklung der Lage verändert haben. Eine gründliche Untersuchung über die Tätigkeit des päpstlichen Nuntius in Paris, Kardinal di Bagno, hat beispielsweise bemerkenswerte Erkenntnisse über die französisch-spanische Allianz gegen England von 1626/27 beigesteuert. Die unwiderrufliche Frontstellung Frankreichs gegen Habsburg war erst nach dem Bruch dieser Allianz durch den mantuanischen Erbfolgekrieg gegeben.[28] Beim Siegeszug des Schwedenkönigs an den Rhein hat Frankreich auch gegen Schweden Front gemacht, und die französisch-schwedischen Beziehungen insgesamt haben sich gewandelt.

Konstant blieb seit dem mantuanischen Erbfolgekrieg der Kampf gegen das Haus Habsburg, dessen mächtigster Vertreter für Richelieu zweifelsohne Spanien war. Diesem großen Ziel wurden alle Einzelaktionen untergeordnet. Seine Durchsetzung, die Niederringung und Trennung der beiden habsburgischen Linien, mußte einen großen Machtzuwachs für Frankreich bringen. Daß dieser Machtzuwachs schließlich zu französischen Hegemonialgestrebungen führen könnte, war von Richelieu weder intendiert, noch im absehbaren Bereich des Möglichen erkennbar. Erst unter seinem Nachfolger, dem Kardinal Mazarin, wurden solche Bestrebungen ansatzweise deutlich. Wie schon gezeigt, sind sie der unmittelbar betroffenen Republik der Vereinigten Niederlande nicht erst 1646 ins Blickfeld gekommen, als Mazarin ihr die Teilung der spanischen Niederlande vorschlug.

Der Westfälische Frieden hat Frankreich die Erfüllung des großen Zieles gebracht: die endgültige Trennung der beiden Linien des Hauses Habsburg. Dazu konnten territoriale Gewinne verbucht werden. Frankreich bekam die Festung Breisach und das Besatzungsrecht in Philippsburg; es erhielt – jetzt offiziell – die Bistümer Metz, Toul und Verdun sowie sämtliche habsburgischen Besitztitel im Elsaß. Die Bestimmungen waren teilweise so vage, daß sie je nach Machtverhältnissen enger oder weiter interpretiert werden konnten – die Verschiebung der französischen Ostgrenze auf Kosten des Reiches zur Zeit Ludwigs XIV. ist hier bereits angelegt. Einen großen Erfolg bildeten schließlich die verfassungsrechtlichen Regelungen für das Reich. Sie verhinderten jeden künftigen Versuch des Kaisers, die Unabhängigkeit der Reichsstände anzugreifen und sich damit eine Machtstellung zu schaffen, wie es Karl V. und Ferdinand II. unternommen hatten. Die »deutsche Libertät«, d. h. die Unabhängigkeit der Stände zu schützen, war ja auch ein erklärtes Ziel Frankreichs gewesen. Richelieus Vorstellungen von einem umfassenden und dauerhaften Frieden konnten verwirklicht werden –»Pax sit Christiana, universalis, perpetua« heißt es zu Anfang der Vertragstexte –, aber der Frieden hielt nicht, was er versprach. Aus dem Niedergang der habsburgischen Machtstellung wurde noch kein System des europäischen Gleichgewichts. Europa sah sich alsbald mit einem massiven französischen Hegemonialanspruch konfrontiert. Das Jahr 1648 leitete nicht den großen europäischen Frieden ein, sondern das Zeitalter Ludwigs XIV.[29]

Nicht weniger als Richelieu haben die führenden Männer Schwedens immer wieder beteuert, allein für den gerechten Frieden zu kämpfen. Die Erklärung, der Schwedenkönig habe nur um dieses Friedens willen die Waffen ergriffen, zieht sich wie ein roter Faden durch die Papiere des Kanzlers Oxenstierna. Was aber war für Schweden ein gerechter Frieden? Oder anders gefragt: Warum hatte sich der König überhaupt für den Krieg entschieden? Über die Motive Gustav Adolfs hat es die heftigsten Kontroversen gegeben, denn ihm war nun einmal die Heldenrolle zugeschrieben. Keine Gestalt des Dreißigjährigen Krieges ist so gefeiert worden wie Gustav Adolf, vom Jubel der Zeitgenossen über den »Löwen aus Mitternacht« bis zum Hohenlied auf den »nordischen Helden«, wobei Norden aber nicht die Himmelsrichtung meint, sondern die nordische Rasse, deren Verfechter den Schwedenkönig auch recht kräftig in Anspruch nahmen. Nach soviel Heldenverehrung mußten es viele natürlich schmerzlich empfinden, als im Laufe der Zeit der selbstlosen Rettung des deutschen Protestantismus immer stärker profane und gar nicht selbstlose Motive an die Seite gesetzt wurden, bis schließlich gar die Meinung aufkam, das religiöse Motiv sei bei allen entscheidenden Überlegungen regelmäßig den wirtschaftlichen, politischen und strategischen Gründen untergeordnet worden.[30]

Zur Klärung der Frage ist erst noch ein Blick auf die Expansion in der sogenannten schwedischen Großmachtzeit nötig. Es war zur Regierungszeit Gustav Adolfs, als Schweden dank der inneren Schwäche des Zarenreiches diesem 1617 Ostkarelien und Ingermanland entriß und es damit von der Ostsee abschnitt unter gleichzeitiger Herstellung einer Landverbindung zum schon schwedisch besetzten Estland. Als 1620 der schwedisch-polnische Waffenstillstand ablief, folgte der Krieg mit Polen um Livland. Letzterer wurde verschärft durch die Tatsache, daß seit 1587 in Polen ein katholischer Zweig der schwedischen Dynastie Wasa regierte, der den Anspruch auf den schwedischen Thron aufrechterhielt. 1626 war die Eroberung Livlands abgeschlossen, es folgte die Einnahme der preußischen Seehäfen. Der von der französischen Diplomatie vermittelte Waffenstillstand mit Polen im Jahre 1629 sicherte Schweden die preußischen Seezölle. Diesen bisher so erfolgreichen Kampf um das Dominium maris Baltici durch eine Beherrschung der deutschen Ostseeküste abzurunden lag um so näher, als die maritimen Pläne der Habsburger, die Sorge um ein Zusammengehen des Kaisers mit Polen und die aufrichtige Sympathie für die deutschen Protestanten zusätzlich für einen Präventivkrieg sprachen.

Soviel zum Hintergrund für die Kontroversen über die Motive, die Gustav Adolf zum Eingreifen in den großen Krieg bewogen haben sollen. Exemplarisch seien dazu zwei Arbeiten vorgestellt, die bei in etwa gleicher Einschätzung der innerschwedischen Machtverhältnisse zu völlig entgegengesetzten Aussagen gekommen sind. In einem Aufsatz von 1959 hat J. Peters die schwedische Expansion als einen systematischen Zugriff des erstarkten schwedischen Hochadels auf den Ostseehandel zurückgeführt. Gustav Adolf erscheint hier vollständig als Exponent des Hochadels, dem auch ein umfassender Machtzuwachs auf politischem Gebiet gelang, so »daß nach dem Tode des Königs die Aristokratie zur unumschränkten politischen Herrschaft gelangt – eine Tatsache, die sich in der beispiellosen Machtstellung des Oxenstierna-Geschlechts in der Vormundschaftsregierung nach 1632 widerspiegelt«.[31] Das Eingreifen Schwedens in den Krieg im Reich wird dann hauptsächlich aus wirtschaftlichen Motiven erklärt, verstärkt durch eine Abwehrhaltung gegen habsburgische Ostseepläne und gegen den dänischen Rivalen. In einer voluminösen Biographie mit dem Titel »Gustav Adolf der Große« hat 1982 G. Barudio die Machtverteilung zwischen Adel und König in etwa ähnlich gesehen. Aber für Barudio äußert sich hierin, in der Mitregierung der Stände, das Ideal des libertären Verfassungsstaates gegenüber dem tyrannischen Absolutismus. Das Losschlagen Schwedens gegen den zum Absolutismus drängenden Habsburger erscheint dann wie in der Argumentation von Oxenstierna als Wiederherstellung einer Rechtsverletzung, begangen vom Kaiser an den deutschen Reichsständen, also als Krieg um den gerechten Frieden. Inhaltlich und zufällig auch zeitlich zwischen diesen konträren Meinungen steht die Arbeit von S. Goetze aus dem Jahre 1971 über die schwedische Politik im Reich. Ihr zufolge war das ursprüngliche Motiv die militärische Besetzung der Ostseeküste durch kaiserliche Truppen und die damit verbundenen maritimen Pläne der

Habsburger. Die Weiterentwicklung der schwedischen Kriegsziele hing dann von der jeweiligen militärischen und politischen Lage ab, war also nicht etwa von langer Hand geplant. Nur der Satisfaktionsgedanke wurde schon unmittelbar nach der Landung greifbar, der Gedanke, daß Schweden für seinen Kriegsaufwand entschädigt werden müsse.[32]

Diese Entschädigung suchte Schweden an der deutschen Ostseeküste – das stand fest und blieb unwandelbares Kriegsziel. Alles andere überließ man der Zukunft, wie Kanzler Oxenstierna es 1633 rückschauend beschrieben hat: »Haben also ihre maj. die meinung gehabt, ihr reich und die Ostsehe zu versichern und die bedrengte lande zu liberiren, hernach weiter zu gehen, oder zu stutzen, nachdem es sich schickete; hetten anfangs so weit zu kommen nicht vermeinet ... Momenta temporum weren allezeit das fundament gewesen«.[33] Nach Überwindung der Anfangsschwierigkeiten waren die »momenta temporum« für Schweden zunächst einmal außerordentlich günstig, und mit den Erfolgen wuchsen auch die Kriegsziele. Auf dem Siegeszug nach der Schlacht bei Breitenfeld im November 1631 wurden eroberte katholische Territorien wie die Fürstbistümer Würzburg, Bamberg und Mainz von Gustav Adolf kraft Kriegsrecht ohne weiteres als Besitz der Krone Schweden angesehen.[34] Aber auch die evangelischen Reichsstände konnten sich dem schwedischen Zugriff nicht entziehen, auch wenn manche mit recht kräftigen Mitteln zur Bundesgenossenschaft gedrängt werden mußten. Denn der König forderte in den Allianzverträgen mit evangelischen Fürsten Anerkennung von Schwedens Schutz, Schirm und Protektorat – Pommern bildete hier eine erste Ausnahme, die aber schnell korrigiert wurde. Er forderte weiter das absolute Kriegsdirektorium, nämlich: Einräumung der Festungen, freier Truppendurchzug, Recht auf Werbungen, Verfügung über alle Truppen und über die Kontributionen an Geld und Naturalien. Hatte er das, befand sich der Bundesgenosse in Wahrheit in einem erdrückkenden Abhängigkeitsverhältnis. Nur beim begehrten Bündnis mit Sachsen mußte er Zugeständnisse machen. Dennoch stand fest, daß nach einem Sieg über Kaiser und Liga Gustav Adolf der Herr der evangelischen Reichsstände sein würde. Dafür gab es auch schon einen Plan: Bildung eines Corpus evangelicorum unter seiner und seiner Nachfolger Führung. Nach dem Zug ins südliche Deutschland nahm der Plan eine veränderte Form an im Zusammenschluß evangelischer Stände von vier Reichskreisen unter schwedischem Direktorium. Dieser »Heilbronner Bund« ist allerdings erst nach dem Tod des Königs, im April 1633 unter Oxenstiernas Leitung gegründet worden.

Das Streben nach dem Direktorium im Militärischen wie im Politischen unterschied sich im Grunde gar nicht so sehr von den Ambitionen des Kaisers, und hier liegt ein wichtiger Grund für das Obsiegen der französischen Diplomatie über Schwedens Pläne in der Zeit vor der Schlacht bei Nördlingen. In einem Ziel stimmten letztlich die französische Politik und die Absichten der deutschen Fürsten überein. Die Fürsten kämpften um das, was sie ihre »Libertät« nannten, d. h. um ihre eigene Machtstellung im Verband von Kaiser und Reich. Diese wollte ihnen aber der Kaiser wie auch der Schwede einschränken. Frankreich dagegen wünschte sich keinen machtvollen Nachbarn an seiner Ostgrenze, und da die Territorialisierung diesem Wunsch entsprach, konnte sich Frankreich voll und ganz hinter die »deutsche Libertät« stellen.[35]

So hoch die schwedischen Ansprüche gestiegen waren, so tief fielen sie nach der Schlacht bei Nördlingen. Ein Bundesgenosse nach dem andern trat 1635 dem Prager Frieden bei, die militärische Basis Schwedens schmolz zusammen, das eigene Militär bedrängte Oxenstierna und drohte mit Meuterei. Der Reichsrat in Stockholm war zeitweise so resigniert, daß er sogar ohne jeden Gewinn für Schweden zum Friedensschluß bereit war. Auch der Kanzler, der 1635 mit dem Kurfürsten von Sachsen als kaiserlichem Beauftragten über einen möglichen Friedensschluß verhandelte, ist mit den schwedischen Forderungen tief heruntergegangen. Über diese »Schönebeckschen Traktate« ist viel geschrieben worden. F. Dickmann sah die Verhandlungspartner dem Frieden so nahe, daß ihn das Scheitern der Gespräche zu dem traurigen Ausruf brachte: »Was wäre Deutschland erspart worden, wenn man sich damals geeinigt hätte«. Dagegen hat S. Goetze Zweifel angemeldet, ob es Oxenstierna bei diesen ganzen Verhandlungen letztlich wirklich ernst war oder ob er nur Zeit gewinnen wollte. Die Beilegung eines gleichzeitigen gefährlichen Konflikts mit Polen mußte unbedingt abgewartet werden. Als dieser Konflikt bereinigt war und obendrein Truppenverstärkungen aus Preußen anlangten, also im September 1635, ist der Kanzler tatsächlich zur Fortführung des Krieges im Deutschen Reich entschlossen gewesen, auch wenn die Verhandlungen über Kursachsen noch weiterliefen.[36]

Es erübrigt sich, die schwedischen Kriegsziele weiter in den Einzelheiten zu verfolgen, denn ihr Kern blieb immer gleich: Entschädigung mit Land und Geld und Fernhaltung der kaiserlichen Macht von der Ostsee. Schweden hat nicht nur diese Ziele auf dem Westfälischen Friedenskongreß grundsätzlich erreicht, es war vorher sogar noch gelungen, den alten dänischen Rivalen auszuschalten, der sich immer noch Hoffnungen auf den Erwerb norddeutscher Territorien gemacht hatte. So erhielt die Krone Schweden 1648 Vorpommern mit Stralsund, Greifswald, Stettin und einen Landstreifen auf dem rechten Oderufer, dazu den Hafen Wismar in Mecklenburg, die Fürstentümer Bremen und Verden und fünf Millionen Reichstaler in bar. Während Dänemark zu den Verlierern des großen Krieges zählte, gehörte Schweden eindeutig zu den Siegermächten.

3. Die Reichsstände

Bislang war von Habsburgs Gegnern außerhalb des Reiches die Rede, aber selbstverständlich gab es solche auch unter den Reichsständen. Allen voran ist hier die Führungsmacht der Union zu nennen, die Kurpfalz. In merkwürdigem Kontrast zur realen Macht des relativ kleinen Landes war von Heidelberg aus schon lange große Politik betrieben worden. F. H. Schubert hat geradezu von einer »Großmachttendenz« gesprochen.[37] Tatsächlich befand sich die Kurpfalz in den Jahren vor Ausbruch des Dreißigjährigen Krieges in einem Bündnis von europäischen Dimensionen. In der Zielsetzung bildeten dabei die Konfessionsfrage mit Rechtserwägungen und territorialen Expansionsbestrebungen eine untrennbare Einheit. Den größten Einfluß auf die Gestaltung der pfälzischen Politik dieser Zeit übten der schon erwähnte Fürst Christian von Anhalt und sein engster Mitarbeiter Ludwig Camerarius aus. Zwei Nahziele schwebten ihnen vor: den Habsburgern die Kaiserkrone zu entreißen und die böhmische Königskrone für die Pfalz zu gewinnen. Daß sie den Protestantismus und insbesondere den Calvinismus durch die gegenreformatorischen Kräfte für bedroht hielten, traf sich dabei mit dem Wunsch, die schmale Machtbasis des pfälzischen Kurfürstentums durch die Länder der Wenzelskrone zu erweitern. Mit dem Wunsch, den Habsburgern die Kaiserkrone zu nehmen, verband sich der Hintergedanke, die katholischen Mächte im Reich zu spalten, denn statt Ferdinand von Steiermark sollte kein anderer als Maximilian von Bayern Kaiser werden.[38]

Während der geplante Dynastiewechsel im Kaisertum sofort scheiterte, gelang den pfälzischen Politikern zunächst der Erwerb der Wenzelskrone für ihren Kurfürsten mit dem bekannten Ergebnis, daß dieser Schritt den großen Krieg auslöste. Alsbald in den Krieg mit hineingezogen wurden aus dem Reich die im katholischen Sonderbund der Liga unter Bayerns Führung vereinten Stände und Kursachsen. Beide, Kursachsen und Bayern, zogen aus ihrer Hilfe für den Kaiser bei der Niederschlagung des böhmischen Aufstands unmittelbaren Gewinn: Kursachsen die Lausitzen, Bayern kurpfälzische Gebiete und den Anspruch auf Übertragung der Kurwürde nach vollzogener Ächtung des Pfälzers. Die Übertragung der pfälzischen Kur auf den bayerischen Wittelsbacher stieß auf Widerstand, die Ächtung des Pfälzers war rechtlich angreifbar. Im Februar 1623 wurde Maximilian die Kur offiziell nur ad personam übertragen, und die Anerkennung der neuen bayerischen Würde durch Sachsen im Jahre 1624 und durch Brandenburg 1627 erfolgte jeweils auch ausdrücklich mit dem Vorbehalt, daß nach Maximilians Tod die Rechte der pfälzischen Anwärter gewahrt würden.[39] Damit waren für Pfalz und Bayern wichtige Kriegsziele vorgegeben: Restitution, Wiederherstellung des früheren Zustands für die Pfalz, Wahrung des neuen Besitzstandes für Bayern.

Der Mann, der für die böhmische Katastrophe des Pfälzers ein hohes Maß an Verantwortung trug, Fürst Christian von Anhalt, hat nach seiner Flucht die Unterwerfung unter den Kaiser vollzogen. Sein Herr dagegen entwickelte allen Schicksalsschlägen zum Trotz eine ungeahnte Standhaftigkeit in der Aufrechterhaltung seiner Ansprüche und im Kampf gegen die katholischen Mächte. Es ist hier nicht nötig, auf die rastlosen Aktionen der pfälzischen Exilregierung in Holland und die immer neuen Enttäuschungen des geächteten Fürsten einzugehen, denn als er 1632 starb, war keines seiner Ziele erreicht. Seinem Sohn und Nachfolger Karl Ludwig hinterblieb ein schweres Erbe. Die Restitution des Pfälzers hatten zwar mehrere habsburgfeindliche Mächte unter ihre Kriegsziele aufgenommen, aber der Nutznießer der Ächtung, Maximilian von Bayern, verteidigte seine Kriegsbeute mit Vehemenz und Geschick. Daß Frankreich zwar eine habsburgfeindliche Macht war, deshalb aber nicht unbedingt die Restitution des Pfälzers betrieb, sollte Karl Ludwig schmerzlich erfahren. Als er nach einem gescheiterten Versuch auf sein eigenes Waffenglück 1638 durch Frankreich reiste, ließ Richelieu ihn dort ein Jahr lang festsetzen, um sich die gerade anlaufende Annäherung an Bayern nicht stören zu lassen.[40] Immer wieder begonnene Verhandlungsversuche sind alle gescheitert, bis sich das Kräfteverhältnis im Kriegsverlauf so weit zuungunsten von Bayern verschoben hatte, daß Maximilian selbst Verhandlungen zustimmte. Ab 1645 kam in Münster die Pfalzfrage zur Sprache. Dabei griff Maximilian den französischen Vorschlag auf, für den Pfälzer eine neue, die achte Kur zu schaffen. Um diese achte Kur ist viel und lange gerungen worden. Der Pfälzer hatte die Schweden, der Bayer die Franzosen auf seiner Seite, letztlich blieb es bei dem französischen Vorschlag. Im Westfälischen Frieden behielt Bayern die Kur und die Oberpfalz, während die Unterpfalz und die achte Kurwürde für Karl Ludwig blieben.

Läßt sich die Pfalzfrage gesondert betrachten, so ist die Politik Bayerns und Sachsens nur im größeren Zusammenhang zu umreißen. Beide Reichsstände hatten sich, wie erwähnt, auf die Seite des Kaisers gegen den Ständeaufstand in Böhmen gestellt und daraus ihren, freilich ganz unterschiedlichen, Nutzen gezogen, erhielt Sachsen doch nur die Lausitzen als Pfandbesitz. Beide spielten eine, wenn auch wieder ungleiche, Rolle in der zweiten Hälfte der 20er Jahre, als die Abwehr gegen die steigende Macht des Kaisers zum Ziel der Reichsstände in ihrer Gesamtheit wurde. Die umstrittene Frage nach dem »Reichsabsolutismus« des Kaisers kann hier deshalb auf sich beruhen bleiben, weil die Reichsstände von dem getrieben wurden, was sie glaubten, und sie glaubten je länger, je mehr, daß Wallenstein oder Ferdinand II. oder beide die Reichsverfassung im absolutistischen Sinne verändern wollten. Der Auslöser dieser Entwicklung war die kaiserliche Armee, die dem Reichsoberhaupt zu einer ungeahnten Machtfülle verhalf, während die Reichsstände unter den Lasten und Ausschreitungen zu leiden hatten. Daß sich die Beschwerden und Anfeindungen dabei in erster Linie auf die Person des Oberbefehlshabers – also auf Wallenstein – konzentrierten, konnte nach Lage der Dinge nicht ausbleiben. Der Widerstand gegen ihn erhielt einen neuen und besonders kräftigen Schub durch die propagandistische Wirkung der Verhandlungen zu Bruck an der Leitha, südöstlich von Wien. Hier hatte Wallenstein im November 1626 mit Vertretern des Kaisers Absprachen getroffen, die u. a. eine Verstärkung der Armee sowie Fragen der Heeresversorgung betrafen. Geschickt gefälschte Berichte tauchten auf, Wallenstein wolle mit einer heimtückischen Methode das Reich vollends unterwerfen: Eine Riesenarmee solle aufgestellt werden, um das Reich auszusaugen und damit gefügig zu machen.[41]

Diese Fälschung war in erster Linie für Maximilian und die Liga bestimmt, wo sie auch prompt wirkte. Maximilian sah den Einfluß der Liga, ja der Kurfürsten selbst bedroht. Eiligst schickte er den beunruhigenden Bericht über die Brucker Absprachen an die geistlichen Kurfürsten, berief für Februar 1627 einen Ligatag nach Würzburg. Eine Protestnote der Ligisten ging an den Kaiser.[42] Die steigende Angst vor der Macht der kaiserlichen Armee und ihres Oberbefehlshabers leitete in etwa eine Spaltung der katholischen Kräfte ein. Die ersten Ansätze zeigten sich auf dem Kurfürstentag zu Mühlhausen im Oktober 1627, auf dem sich auch zahlreiche Abgesandte anderer Reichsstände einfanden. Wallenstein wußte, was auf ihn zukam und demonstrierte kurz vor der Eröffnung des Kurfürstentages auf seine Weise guten Willen: »Auf das man sich über mich im Reich nicht zu beschweren hatt, das ich die transgressoren nicht straf, so hab ich heitt dem von Görzenig den kopf weck hauen lassen«, berichtete er am 12. Oktober nach Wien.[43] Mit der eiligen Hinrichtung eines seiner räuberischsten Offiziere konnte er die gesamtständischen Beschwerden über seine Armee allerdings auch nicht mehr verhindern.

Besonders Maximilian von Bayern wurde immer feindseliger gegen den kaiserlichen Heerführer, nicht zuletzt unter dem Einfluß der vielbeschriebenen Kapuzinerrelationen, der Geheimberichte des Paters Valerio Magni. Alles mögliche traute Maximilian dem Friedländer zu, in erster Linie die Ausschaltung der Kurfürsten: »Inmassen wür dan von ainer hochen standsperson soviel berichtet seind, das sich ainer aus des hg. zu Fridland vornembsten hochen kriegsofficiren sol haben verlautten lassen, wan die curfürsten dem hg. zu Fridland nur noch zehen wochen also zuesehen, und nit bald anderst zur sachen tun, das es alsdan umb sie geschehen und alle mittel, ime zu begegnen zu spat sein dürften«, schrieb er im Mai 1628. Auf einem Treffen von Abgesandten der katholischen Kurfürsten in Bingen im Sommer 1628 wurde für den Notfall der Einsatz des Ligaheeres gegen Wallenstein erwogen, auch über die Forderung nach einer Absetzung Wallensteins verhandelt.[44]

Maximilian hat seinen Einfluß beim Kaiser geltend gemacht, um dessen Vorgehen gegen Wallenstein zu erreichen. Damit hatte er keinen Erfolg, denn entgegen allen Versicherungen aus Wien und trotz des Friedens mit Dänemark im Mai 1629 blieb das riesige Heer unverändert. Statt dessen mußten er und seine Mitstände erleben, wie der Kaiser seine Armee zugunsten Spaniens in den mantuanischen Erbfolgekrieg eingreifen ließ. Dies beschleunigte die Distanzierung Maximilians vom Kaiser unter gleichzeitiger Annäherung an Frankreich. Die Geheimverhandlungen mit Paris sollten schließlich zum Vertrag von Fontainebleau im Mai 1631 führen. Richelieu war fest davon überzeugt, daß der Kaiser nach der absoluten Herrschaft im Reich strebe. Er sah dahinter den großen Plan Spaniens, sich mit Hilfe des Kaisers die Kräfte des Reiches nutzbar zu machen, was um so leichter geschehen konnte, wenn der Kaiser das Reich wirklich in der Gewalt hatte. Jede Schwächung der kaiserlichen Position konnte Richelieu nur hochwillkommen sein.

Durch die umfassenden Forschungen von D. Albrecht ist endgültig die Legende beseitigt worden, die französische Diplomatie habe mit Hilfe von Richelieus »grauer Eminenz«, des Pater Joseph, auf dem Regensburger Kurfürstentag von Juli bis November 1630 die Zurückdrängung der kaiserlichen Macht erreicht.[45] Es war umgekehrt: Frankreich profitierte von der erfolgreichen Aktion der Kurfürsten. Der Kaiser wich vor dem Druck des Kurkollegs in allen entscheidenden Fragen zurück. Wallenstein wurde entlassen. Zwar konnte der Kaiser verhindern, daß Maximilian die Nachfolge antrat, was ihn als Oberbefehlshaber zweier Heere in eine einzigartige Machtstellung gebracht hätte, aber die kaiserliche Armee wurde Tilly unterstellt, dem Feldherrn der Liga. Außerdem wurde sie reduziert und in der Finanzierung an die Zustimmung der Stände gebunden. Die Forderung des Kaisers nach Auflösung der Liga und Vereinigung ihrer Truppen mit dem kaiserlichen Heer kam dagegen nicht durch. Der Ablehnung verfiel ebenso der Wunsch des Kaisers nach Unterstützung der Stände gegen Holland und im mantuanischen Krieg; im Gegenteil, das Kurkolleg nötigte ihn zu Friedensverhandlungen mit Frankreich. Dieser Regensburger Frieden ist dann von Frankreich nicht ratifiziert worden, womit der einzige Vorteil für den Habsburger, der französische Verzicht auf feindliche Einmischung im Reich, hinfällig war. Schließlich erlebte der Kaiser noch eine Abweisung, als er bei den Kurfürsten in der Frage der Wahl seines Sohnes zum König vorfühlen ließ: Die Reaktion war einhellig ablehnend.

Außer der Zusage auf Waffenhilfe gegen die schwedische Invasion erreichte der Kaiser in Regensburg nichts, die Kurfürsten erreichten dagegen fast alles. Es bleibt eine offene Frage, ob sie sich damit selbst geschadet und dem schwedischen Erfolg Vorschub geleistet haben. Daß die Ligaführung schon Kenntnis von der geplanten Landung der

Schweden hatte, bevor der Kollegialtag überhaupt eröffnet war, ist ebenso bekannt wie ihre falsche Einschätzung der schwedischen Absichten.[46] Andererseits kann Wallenstein allein natürlich nicht als Garant für einen militärischen Erfolg gegen Schweden gelten, und dem Heeresreduzierungsprogramm von 1630 ist der vorausgegangene Abzug kaiserlicher Truppen nach Oberitalien an die Seite zu stellen. Anzumerken bleibt allerdings die unzureichende Klärung der Heeresfinanzierung, denn es steht außer Zweifel, daß die miserable Versorgungslage Tillys Truppen schwer zugesetzt hat. Jedenfalls haben die großen schwedischen Siege die Regensburger Ergebnisse ebenso überrollt wie Maximilians Pläne.

Etwa zur gleichen Zeit wie Bayern war auch Kursachsen in größere Distanz zum Kaiser gegangen, genau gesagt war es dahin gedrängt worden. Wie alle protestantischen Stände reagierte nach anfänglichem Zögern auch Johann Georg von Sachsen auf das Restitutionsedikt mit Widerstand. Im Herbst 1630 beschloß der Kurfürst, eine Versammlung aller protestantischen Stände nach Leipzig einzuberufen. Von Februar bis April 1631 fand der Leipziger Konvent statt, der mit einer Verurteilung der kaiserlichen Politik und dem Beschluß zum bewaffneten Widerstand endete. Mit der Aufstellung eines Heeres begann Johann Georg sofort, als Oberbefehlshaber hatte er einen der besten Unterführer Wallensteins gewählt: Hans Georg v. Arnim.[47] Diese Initiative der evangelischen Stände betraf zwar die katholischen Mächte, aber ebenso betraf sie auch Schweden, das die evangelischen Reichsstände als Verbündete unbedingt benötigte. Trotz relativ bescheidener militärischer Aktivitäten hat Kursachsen in diesen Jahren zwischen 1631 und dem Prager Frieden eine ganz wichtige Rolle gespielt, so daß man geradezu von einer »kursächsischen Periode« hat sprechen wollen.[48] Das wäre wohl doch übertrieben, aber tatsächlich ist die Rolle Sachsens gegenüber einem Gustav Adolf und Wallenstein ins Hintertreffen geraten. Sowohl der Schwedenkönig wie nach ihm sein Kanzler haben in Johann Georg einen Rivalen auf den Führungsanspruch im evangelischen Deutschland gesehen, als einziger hat er sich auch den üblichen schwedischen Allianzverträgen erfolgreich widersetzt. Wie gefährlich dieser Rivale war, zeigte sich im Sommer 1634, als Oxenstierna sich bemühte, die norddeutschen Protestanten zum Anschluß an den Heilbronner Bund zu bewegen: Sachsen verhinderte es.

Die schwedische Niederlage in der Schlacht bei Nördlingen am 6.

September 1634 beflügelte Gespräche, die zwischen Johann Georg und dem Kaiser schon geraume Zeit geführt wurden. Nur das Restitutionsedikt und schließlich der Einmarsch der Ligatruppen im September 1631 hatten den kaiser- und reichstreuen Sachsen ins schwedische Bündnis getrieben. Der Faden nach Wien war aber nie ganz abgerissen. Mit Gustav Adolfs Tod hielt Johann Georg dann das schwedische Bündnis für erloschen und begann Kontakt mit dem Kaiser aufzunehmen über einen Fürsten, der noch kaisertreuer war als er selbst, den Landgrafen von Hessen-Darmstadt. Dänemark wurde hinzugezogen. Es ging um einen religiösen und politischen Ausgleich zwischen dem Kaiser und den evangelischen Ständen unter Verdrängung der ausländischen Mächte aus dem Reich. Daß Dänemark dabei aktiv wurde, erklärt sich aus dem bedrohlichen Machtzuwachs des schwedischen Rivalen. Ermöglicht hat diese Annäherung nicht zuletzt der steigende Einfluß des Thronfolgers Ferdinand von Ungarn auf die Entscheidungen der Hofburg. In weiterem Maße als sein Vater war er bereit, zwischen Religion und Politik zu trennen und letztere nach der Staatsraison zu behandeln wie in Frankreich, in kirchlichen Fragen nachzugeben, um politisch weiterzukommen, kurz und gut: das Restitutionsedikt preiszugeben.[49]

Mit dem Prager Frieden, der am 30. Mai 1635 unterzeichnet wurde, war das Restitutionsedikt zwar nicht formell aufgehoben, sondern die Entscheidung über das seit 1555 strittige Reichskirchengut nur um 40 Jahre vertagt und danach gütlicher Einigung anheimgestellt, aber der Kaiser verzichtete damit auf den Anspruch, den Augsburger Religionsfrieden allein authentisch interpretieren zu können. Für die Besitzstandsfrage beim Kirchengut war im Vertrag der 12. November 1627 als Stichtag festgelegt, das sogenannte Normaljahr. Um diesen Punkt hatte man in den Verhandlungen lange gerungen, Johann Georg wollte ursprünglich 1620 als Normaljahr. Der ausgehandelte Stichtag lag zwar vor dem Restitutionsedikt mit seinen Besitzumwälzungen zugunsten der Katholiken, aber er war für die katholische Seite trotzdem günstig. 1627 standen die Truppen der Liga und des Kaisers vor dem erfolgreichen Abschluß des niedersächsisch-dänischen Krieges. Als Normaljahr sicherte es den Protestanten das Kirchengut östlich der Elbe, nicht aber westlich der Elbe bis zur Weser und auch nicht in Württemberg. Außerdem gab es noch eine Reihe von Sonderklauseln zugunsten der Katholiken, und die Calvinisten blieben wie beim Augsburger Religionsfrieden von 1555 ganz ausgeschlossen. Sodann ging es im Prager Frieden um Fragen der Reichsverfassung – Aufhebung des Bündnisrechts der Stände und die Prager Heeresreform –, die in der Forschung kontrovers eingeschätzt werden. Darauf wurde schon eingegangen, ebenso auf die nicht weniger gegensätzliche Gesamtbeurteilung des Prager Friedens.[50]

Der Prager Frieden, zwischen dem Kaiser als Haupt der Katholiken und Johann Georg als Führer der Protestanten geschlossen, stand allen Reichsständen zum Beitritt offen, und ihm sind auch fast alle beigetreten. Für den weiteren Kriegsverlauf wurde die Verpflichtung der Unterzeichner des Prager Friedens wichtig, die feindlichen Mächte vom Reichsboden zu vertreiben. Nach dem Wortlaut des Vertrages hatten Kaiser und Reichsstände ab jetzt ein gemeinsames Kriegsziel, wenn auch von den Beteiligten mit unterschiedlicher Intensität und auch nur für eine gewisse Zeit verfolgt. In Wirklichkeit nämlich strebte der Kaiser einer gesamthabsburgischen Friedenslösung unter Einschluß Spaniens zu, während die Reichsstände es ablehnten, sich für die Belange Spaniens zu schlagen und auf Einleitung allgemeiner Friedensverhandlungen drängten. Vom Regensburger Reichstag 1640/41 an begann das endgültige Abrücken vom Prager Frieden – der neue Kurfürst von Brandenburg, Friedrich Wilhelm (1640–1688), schloß noch 1641 einen Waffenstillstand mit Schweden. Kursachsen vollzog diesen Schritt 1645, Kurmainz schloß 1647 Waffenstillstand mit Frankreich. Im gleichen Jahr einigten sich Kurbayern und Kurköln im Ulmer Vertrag mit Frankreich und Schweden, kehrten zwar kurz darauf an die Seite des Kaisers zurück, aber an ihrer Einstellung zur Friedensfrage änderte sich damit grundsätzlich nichts. Kurtrier war schon lange mit Frankreich im Bunde.

Im Hamburger Präliminarvertrag von 1641 hatte der Kaiser auf Druck der Reichsstände und besonders der Kurfürsten mit den beiden fremden Kronen und ihren Verbündeten den Beginn von Friedensverhandlungen in Münster und Osnabrück vereinbart. In einem äußerst langwierigen und komplizierten Prozeß sind dort die Verhandlungen über die internationalen und innerdeutschen Streitfragen zu einem allgemeinen europäischen Friedenswerk unter Ausschluß Spaniens verschmolzen.[51]

Das verfassungsrechtlich wichtigste Ergebnis für die Reichsstände war die Festschreibung ihrer Unabhängigkeit, wobei auf der Basis von Amnestie und Restitution der territoriale Besitzstand von 1618 mit Ausnahmen erreicht wurde. Die Macht des Kaisers im Reich blieb auf ein Minimum beschränkt. Von den 1789 reichsunmittelbaren Gewalten erhielten 296 eine nur durch die Formel eingeschränkte Souveränität, ihre Bündnisse dürften sich nicht gegen Kaiser und Reich richten. Das für den Konfessions- und Kirchengüterstand so wichtige Normaljahr wurde auf den 1. Januar 1624 festgelegt, im Vergleich zum Prager Frieden also ganz erheblich zugunsten der Protestanten verschoben. Andersgläubige in den Territorien erhielten das Recht auf private oder öffentliche Religionsausübung. Auf der Reichsebene wurde die Majorisierung einer Konfessionspartei durch die andere beseitigt, indem der Reichstag bei allen die Religion betreffenden Fragen sich in die beiden Kurien des »corpus catholicorum« und »corpus evangelicorum« teilte, die nur einstimmig entscheiden konnten. Damit endete für die Bevölkerung der Zwang, jeden Konfessionswechsel des Landesherrn mitmachen oder auswandern zu müssen. Wie der Konfessionsstand im Normaljahr gewesen war, so sollte er für alle Zeiten bleiben. Allerdings war es manchmal schwierig, den Zustand von 1624 klar zu ermitteln, wenn auch selten so schwierig wie im Fürstbistum Osnabrück, wo sich in einer Reihe von Gemeinden eine religio mixta gebildet hatte, die sich jeder eindeutigen konfessionellen Zuweisung widersetzte.[52] Schließlich wurde auch der Calvinismus reichsrechtlich anerkannte Konfession.

Von den Besitzveränderungen bei den einzelnen Territorien sind zwei bemerkenswert. Kurbrandenburg wurde mit den ehemaligen Fürstbistümern Magdeburg, Halberstadt, Minden und zwei Harzgrafschaften für den Verlust von Vorpommern entschädigt, während Kursachsen lediglich die Lausitzen behielt, d. h. Brandenburg konnte mit seinem Landgewinn den alten sächsischen Rivalen überflügeln.

IV. Der Weg des Geldes

1. Heeresfinanzierung

Die Truppenaufstellung erfolgte allgemein nach einem losen, unkomplizierten System. Benötigte ein Fürst ein Heer, so beauftragte er irgendeinen Kriegsmann, der ihm geeignet erschien, mit Werbungen. Dieser suchte sich dann auf eigene Verantwortung Obristen, die entweder selbst die Werbungen durchführten oder sie durchführen ließen. Lauf- und Musterplätze wurden für jedes Regiment bestimmt, die Werbeoffiziere begaben sich in die festgelegten Gebiete, und dort begann in den Städten und Dörfern entweder das »Umschlagen« – der Werber zog mit Trommelschlag auf und rief die Einzelheiten und Dienstbedingungen aus – oder, und das war die Regel, die »stille Werbung« ohne offizielle Formalitäten. Wurde jemand Kriegsknecht, wie das damals hieß, so nahm er das »Anlaufgeld«, bei Reitern »Anrittsgeld«. Von den Laufplätzen, wo man zusammengelaufen war, ging es dann zum Musterplatz, wo der Obrist und der Beauftragte des Kriegsherrn die Musterung vornahmen. Dort wurde auch der Fahneneid abgelegt, der die Soldaten unter die Regimentsjustiz stellte.[1]

Die kleinste Einheit war beim Fußvolk das Fähnlein, später Kompanie genannt, bei den Reitern hieß sie erst Kornett, dann Schwadron. Da erstens die Sollstärke schwankte und zweitens fast immer eine mehr oder weniger große Differenz zwischen der Sollstärke und der Iststärke bestand, ist die Gesamtzahl der Soldaten wesentlich aufschlußreicher als die Zahl der Regimenter oder Kompanien. Beispielsweise betrug unter Wallenstein zur Zeit des ersten Generalats die Sollstärke der Regimenter beim Fußvolk 3000 Mann, bei der Reiterei 1000. Eine Musterungsrolle über in Böhmen aufgestellte Truppen vom Sommer 1625 zeigt die Iststärke: Sie lag bei sechs Infanterieregimentern zwischen 230 und 700.[2] Es kommt also auf die Gesamtzahl der Soldaten an, während die Quellen leider oft nur die Zahl der Regimenter nennen – das macht die Berechnung der Truppenstärken meist schwierig oder gar unmöglich.

Abgesehen von der handwerksmäßig organisierten Artillerie gab es zwei Waffengattungen: Infanterie und Kavallerie. Die Fußknechte wurden zunächst ganz urwüchsig rekrutiert, indem jeder genommen wurde, der mit Helm, Schwert und Spieß auf dem Laufplatz erschien. Später gingen die Regimenter dazu über, selbst die Waffen und schließlich auch die Kleidung zu stellen. Unterschieden wurde bei der Infanterie zwischen dem Pikenier, der mit der Pike, dem Langspieß, bewaffnet war, und dem Musketier, der eben eine Muskete bediente. Schon vor dem großen Krieg begann die Verschiebung der Gewichte von der Pike weg zur Muskete, d. h. ganz allgemein von den mittelalterlichen Waffen zu den Schußwaffen. Im Dreißigjährigen Krieg beschleunigte sich diese Entwicklung.[3] Die Kavallerie kannte drei verschiedene Arten Reiter: die schwer gepanzerten Kürassiere, nach la cuirasse, Panzer, benannt, bewaffnet mit der schweren Reiterpistole und dem Degen; die Arkebusiere, die leichten Reiter, benannt nach der arquebuse, der Armbrust, oft auch Kroaten genannt. Die Dragoner gehörten genau genommen gar nicht zur Kavallerie, waren beritten gemachte Fußsoldaten, die beim Kampf absaßen und als Infanterie kämpften. Ihre Bezeichnung stammt von einem Feldzeichen, le dragon, der Drache.

Aus dem Offizierskorps herausgehoben stand über allem der Obrist. Er war nicht nur im militärischen Bereich der Chef des Regiments, er führte auch die Verwaltung. Er erhob und verwaltete unter anderem die Kontribution und belieferte das Regiment mit Kleidung, Waffen und Munition.

Außer den Soldaten und Offizieren gehörten zu den Söldnerheeren des Dreißigjährigen Krieges noch eine Menge anderer Menschen, kurz und bündig »Troß« genannt, abgeleitet von französisch la trousse, Bündel, Gepäckstück. Der Troß macht es vollends unmöglich, genau die Zahl der Menschen anzugeben, die mit einem Heer wirklich herangezogen kamen. Ist meist die Truppenstärke schon gar nicht oder nur vage bekannt, so entzieht sich der Troß jeder Berechnung.

Die reichsrechtlichen Bestimmungen des 16. Jahrhunderts hielten für die Finanzierung einer solchen Söldnertruppe klare Regeln bereit. Der Kriegsherr, also der kriegführende Fürst, zahlte Anlaufgeld, Abdankungsgeld und den monatlichen Sold – der Söldner, der Soldat, kaufte davon, was er benötigte. Im Lager hatte für den Verkauf der Marketender das Monopol, im Quartier war die Verpflegung unterschiedlich geregelt. Meist wurde sie pauschal abgewickelt, die Stadt bzw. das Amt lieferte die Naturalien, der Kriegsherr zahlte und zog die

Summe den Soldaten vom Sold ab. Unbezahlt zu stellen hatte der – natürlich unfreiwillige – Quartiergeber das sogenannte Servis: Holz, Licht, Salz und selbstverständlich Quartier. Etwa so sah die reichsrechtliche Regelung aus. Sie mit der Praxis im Dreißigjährigen Krieg zu vergleichen, soll jetzt am Beispiel der Heere der Liga bzw. des Kaisers und Schwedens versucht werden. Zuvor aber noch ein Blick auf Böhmen.

Die böhmischen Stände waren die ersten, die eine Armee aufzustellen hatten, wenn sie ihrem mit dem Prager Fenstersturz eingeleiteten Aufstand zum Sieg verhelfen wollten. Aber hier zeigte sich neben der Ungleichheit der Bündnisse die zweite große Schwäche, an denen der Ständeaufstand letztlich scheitern sollte. Bekanntlich stammte ja nicht erst von Wallenstein die Feststellung, daß zum Kriegführen dreierlei gehört, nämlich erstens Geld, zweitens Geld und drittens Geld – das galt schon in der Antike. Darin bestand die gefährliche Schwachstelle der Aufständischen. Das Direktorium hatte die 1615 vereinbarte Steuerquote von jährlich 200000 bis 500000 Talern festschreiben und dazu eine Sondersteuer von erst 800000, schließlich 900000 Talern erheben wollen, zu der außer den Bauern auch die höheren Stände beitragen sollten. Die Zahlungen scheiterten, einmal am Gruppenegoismus, nicht zuletzt aber an der Tradition der Stände. Jetzt, wo alles darauf ankam, wo sie mehr Steuern hätten zahlen müssen als je zuvor – jetzt standen sie sich selbst im Wege. Seit mittelalterlichen Zeiten war es Aufgabe der Stände gewesen, das Finanzgebaren der Landesherren zu kontrollieren, die Steuerforderungen der Fürsten möglichst einzuschränken. Das Steuerbewilligungsrecht bildete immer die wichtigste Waffe gegen die Fürsten. Nun aber waren die Stände selbst an die Stelle des Landesherrn getreten und blieben doch Gefangene ihrer Tradition, verhielten sich ihrer eigenen Direktorialregierung gegenüber wie einem Fürsten.[4]

Reichten die eigenen Mittel nicht aus, gab es immer noch die Möglichkeit auswärtiger Hilfe, wenn es gelang, den Kampf gegen den eigenen Gegner als unbedingt nützlich für Drittmächte zu beweisen. Schweden hat später diese Möglichkeit einer Subsidienpolitik nutzen können, wenn auch in Grenzen. Die Versuche der Böhmen dagegen, erst die konfessionsverwandten Generalstaaten und anschließend den englischen Schwiegervater ihres neuen Königs um Hilfe zu bitten, führten zu keinem großen Erfolg. Schließlich war das eigene Finanzgebaren einfach zu fatal, als daß die Zuschüsse der Holländer noch etwas hätten bewirken können. Dies zu erkennen, bedurfte es keiner Geheiminformationen. Anfang 1619 war die Geldnot schon so groß, daß dem Direktorium nur noch gewalttätige Mittel übrigblieben. Zwangsanleihen bei den großen Städten wurden ausgeschrieben, Konfiskationen setzten ein. Das alles genügte aber nicht. Im August 1619 beliefen sich die Soldrückstände für die angeworbenen Truppen auf 1,8 Millionen Taler. Daß der neue König schließlich sein Tafelsilber und andere Pretiosen verpfändete, unterstrich dieses Elend nur. So glänzend die Anfangserfolge auch aussahen, ihrer finanziellen Basis nach war die Ständesache ein Koloß auf tönernen Füßen.

Niemand sah das so klar wie der Prager Finanzmann, der später Bankier Wallensteins wurde: Hans de Witte. Er war kein gebürtiger Prager, sondern stammte aus Flandern, von wo seine Familie wahrscheinlich glaubenshalber geflohen war. Jedenfalls bekannte er sich zur Lehre Calvins, als er sich 1603 in Prag niederließ, wo er später als kaiserlicher Hofhandelsmann agierte wie andere Calvinisten auch. Deren Konfession vertrug sich zwar eigentlich nicht mit dem gegenreformatorisch-jesuitischen Katholizismus des Hofes, aber ihre internationalen Finanz- und Handelsbeziehungen mochte auch der Kaiserhof nicht entbehren. Dagegen kam mit den neuen Herren in Prag ab 1618 keine Geschäftsverbindung zustande. Die Abneigung beruhte zwar zum Teil auf Gegenseitigkeit, aber was immer die Aufständischen und Hans de Witte auch sonst noch bewog, voneinander Abstand zu halten: der Finanzmann hatte die Mißwirtschaft der Stände schnell durchschaut, Grund genug, sich hier nicht zu engagieren.[5]

Auf der kaiserlichen Seite sah die Finanzlage in der Frühphase des Dreißigjährigen Krieges freilich auch nicht besser aus. Der Entschluß zur Aufstellung einer Streitmacht wurde im Laufe des Sommers 1618 langsam verwirklicht.[6] Die dazu benötigten Gelder aufzutreiben, gelang bei der schon hohen Staatsverschuldung nur teilweise und sehr mühsam.[7] Bleibt die Frage nach den Subsidien. Es steht zwar fest, daß die österreichischen Habsburger sowohl vom spanischen Zweig der Dynastie wie von der Kurie Hilfe bekamen, aber über Einzelheiten ist nur im Fall der Kurie Genaueres bekannt.[8] Kaiser Matthias hatte sich nach dem Prager Fenstersturz an Papst Paul V. (1605–1621) gewandt und mit Unterstützung Spaniens die Zusage über Subsidien in Höhe von monatlich 10000 fl für ein halbes Jahr erhalten. Ende September 1618 kam die erste Rate zur Auszahlung. Auch über das halbe Jahr hinaus flossen die Gelder in dieser Höhe weiter. Erst im Winter

1619/20 gelang es Kaiser Ferdinand II., den Papst zur Verdoppelung der Monatszahlungen ab März 1620 zu bewegen. Ein zusätzlich in Aussicht gestellter Zehnter kam später an die Liga zur Auszahlung.

Über die gesamten Einnahmen und Ausgaben der Liga im Dreißigjährigen Krieg liegen Aufstellungen aus der Zeit um 1652 vor.[9] Sie stammen aus bayerischer Provenienz und haben wahrscheinlich die Tendenz, den Anteil Bayerns an den finanziellen Leistungen besonders hervorzuheben. Doch trotz dieser und anderer Mängel bleiben sie eine beachtliche Quelle zur Heeresfinanzierung der Liga. Danach hat es die anfangs unzweifelhaft wohlgefüllte Kriegskasse der Liga erlaubt, die Finanzierung ihres Heeres annähernd so zu handhaben, wie die reichsrechtlichen Bestimmungen es vorsahen. Später mußte auch hier das Kontributionssystem herangezogen werden.

Das Wort Kontribution kann sowohl eine von den Ständen ad hoc bewilligte Kriegssteuer meinen wie auch vom Feind erzwungene Lieferungen oder Zahlungen; beides wurde praktiziert. Als Tilly auf das Kontributionssystem zurückgreifen mußte, hielt er sich noch ungefähr an das bis dahin Übliche. Er zog Kontributionen möglichst nur in Feindesland ein und auch nur Naturallieferungen nach festen Taxen, d. h. er forderte einen Teil des Soldes, die Verpflegung, nicht den ganzen Sold. Allerdings wurde das Servis auf die Pferde ausgedehnt, also auf Stall und Futter.

Von Wallenstein ist mit Blick auf seine organisatorischen Fähigkeiten gesagt worden: »Und es besteht kein Zweifel darüber, daß dieser Kriegsunternehmer ein genialer Vorgänger der modernen Manager gewesen ist«.[10] Dem kann man zustimmen – aber mit seinem Kontributionssystem erfand Wallenstein wahrhaftig nichts Neues. Er dehnte es nur auf den ganzen Sold aus, insofern hat der Ausspruch seine Berechtigung, wonach der Krieg den Krieg ernähren muß. Kennzeichnend für die Wallenstein-Armee war außerdem ein enorm hoher Taxsatz für die Obristen, praktisch der Ausgleich für deren Vorschüsse auf die Regimenter in Form von Anlaufgeld und erstem Monatssold. Das Vorgehen Wallensteins verstieß übrigens gegen die Abmachungen, die beim ersten Generalat getroffen worden waren. Gemäß seiner Instruktion sollten Kontributionen nur in eroberten, also feindlichen Gebieten erhoben werden und nur zur Truppenverpflegung; in den Territorien der neutralen oder befreundeten Stände sollte das Nötige gegen Bezahlung verlangt werden dürfen.[11]

Da die Kontributionen sehr unregelmäßig eingingen, machte eine

Heeresfinanzierung allein auf Kontributionsbasis Kredite nötig, die Wallensteins Bankier Hans de Witte organisierte. Seine weitreichenden Beziehungen machten es ihm möglich, riesige Summen aufzubringen, die ihm sein Kredit aus halb Europa verschaffte. Wallenstein garantierte mit der kaiserlichen Armee die Rückzahlung der Gelder zuzüglich Zinsen und Gewinn für den Bankier, garantierte sie also durch seine Machtstellung. Dabei ist aber zu beachten, daß in diesem Zusammenhang Macht nicht nur militärisch, sondern auch politisch zu verstehen ist. Als Wallensteins Macht gegen Ende des ersten Generalats politisch ins Wanken geriet, wurden die Reichsstände widerspenstig, verzögerten oder verweigerten die Kontributionszahlungen in Erwartung von Wallensteins Sturz. Das war ein Grund mit, warum ab Ende 1628 die Heeresfinanzierung der kaiserlichen Armee in Gefahr kam und 1630 zusammenbrach, mit der persönlichen Tragödie des Bankiers de Witte im Gefolge, der sich im Brunnen seines Hauses ertränkte. Der Hauptgrund war allerdings die Erschöpfung der Kontributionsgebiete im nordöstlichen Reichsgebiet. Wallensteins Briefe dieser Zeit sind voll von einschlägigen Berichten, ein wahllos herausgegriffenes Schreiben an den Kaiser vom 26. Januar 1629 mag als Beispiel genügen. Da heißt es mit Bezug auf den Raum zwischen den Fürstbistümern Magdeburg/Halberstadt und Pommern: »Wie auch die aufs neue, diese drey Jahr her angelegte Contributionen zu entrathen, denn was vor mangel vundt noth an allen orten erscheinet, würdt Graff Collalto Euer Mait. ein gueten Bericht thuen können, solches auch von Tag zue Tag würdt grösser werden, denn die Länder, wo wier den Krieg führen, seindt im grundt ruinirt, also das die Soldaten, albereit in der Insel Rügen, Hündt vnd Kaczen essen«. [12] Ob die Besatzung der Insel Rügen wirklich schon Haustiere verzehrte, sei dahingestellt; daß der Zustand dieser Gebiete im ganzen richtig geschildert ist, steht außer Zweifel. A. Ernstberger hat ganz recht mit seiner Feststellung: »Hier aber hatte, wenn nichts mehr da war, nicht nur der Kaiser sein Recht und Wallenstein seine Macht verloren, sondern de Witte auch sein Geld«. [13]

Dabei hatte es Anfang 1628 noch so ausgesehen, als sei der Finanzierung der kaiserlichen Armee eine neue Quelle erschlossen worden. In einem streng geheimen »Handbriefl« vom 16. Februar 1628 war Wallenstein vom Kaiser angewiesen worden, die Besitzungen aller Feinde des Kaisers zu konfiszieren, und die Gelder aus diesen umfangreichen Konfiskationen sollten ausschließlich der Armee zugute kommen. Die Geheimhaltung gelang auch, sogar den Ligafürsten gegenüber, die erst 1629 von den Vorgängen eine Ahnung bekamen. Aber der Kaiser selbst hielt nicht Wort, verteilte Gelder aus den Konfiskationen zur Deckung anderer Ausgaben, als noch gar nichts eingekommen war.[14]

Eine andere, nicht zu unterschätzende Rolle bei der Finanzierung der kaiserlichen Armee unter Wallenstein spielten die Lieferungen aus dessen Herzogtum Friedland, wenn sie natürlich auch weit davon entfernt waren, die Kontributionen zu ersetzen. Wie wichtig sie immerhin im Notfall werden konnten, wurde besonders deutlich, als die kaiserliche Armee nicht mehr Wallenstein unterstand, sondern Tilly – die reduzierten Truppen des Kaisers befehligte nach der Absetzung Wallensteins bekanntlich der Feldherr der Liga. Die Fürsten hatten dem Kaiser zwar die Armee entwunden und die Gesamtkosten für die nun vereinigten Heere – mit welchen Unterlagen auch immer – auf 12 Millionen Gulden jährlich geschätzt, über deren Finanzierung aber eine Einigung erzielt, bei der Tilly praktisch sich selbst überlassen blieb. Als das Vordringen der Schweden den Nahrungsspielraum noch weiter verengte, wandte sich der Ligafeldherr an den abgedankten Generalissimus um Hilfe aus Friedland. Damit begann, was in der Literatur als »Wallensteins Heeressabotage« bekannt ist.[15] Ab Januar 1631 schrieb Tilly immer dringendere Bittbriefe, um friedländische Lieferungen auf Kredit zu bekommen: Die Armee schwinde durch Desertationen dahin, wenn nicht »mit Proviant unnd anderer notdurfft eylfertige hilff geschaffet würdt«.[16] Trotz dieser ärgsten Bedrängnis seines alten Mitstreiters trieb Wallenstein ein doppeltes Spiel: Tilly erhielt Lieferungszusagen, während Wallensteins Beauftragter in Mecklenburg insgeheim angewiesen wurde, alles Getreide über Hamburg zu verkaufen und den Erlös nach Friedland zu schicken.

Bei Antritt des zweiten Generalats hat sich Wallenstein finanziell etwas abzusichern versucht durch Zahlungen aus den kaiserlichen Erblanden und Zuschüsse aus Madrid. Soweit die Göllersdorfer Vereinbarungen rekonstruierbar sind, ist wohl an 3 Millionen jährlich gedacht worden. Dazu wurde strikte Bindung aller Konfiskationseinnahmen an die Armee vereinbart. Das alles konnte an der grundsätzlichen Heeresfinanzierung durch Kontributionen nichts ändern, es waren nur flankierende Maßnahmen.[17] An dieser Finanzierung hat sich auch nichts geändert, als im Gefolge des Prager Friedens die Reichsstände den Unterhalt der kaiserlichen Armee übernahmen, und erst mit dem Abrücken verschiedener Reichsstände vom Prager Frieden nach 1641 müssen die Erblande wieder schwerer belastet werden.[18]

Vor nicht geringeren Problemen der Heeresfinanzierung stand Schweden nach dem Beschluß, im Reich zu intervenieren. Abgesehen von den militärischen Unwägbarkeiten war dieser Krieg ein enormes finanzielles Wagnis. Durch die vielen schon vorausgegangenen Kriege lag eine hohe Staatsverschuldung und Abgabenlast auf dem schwedischen Mutterland. Die Ausgaben waren größer als die Einnahmen, und auch die Notmaßnahme des Verkaufs von Krongütern konnte auf die Dauer nicht helfen, zumal ein Teil des Ertrags als Tilgung von Schulden der Krone gleich einbehalten wurde. Es war von vornherein klar, daß ein Krieg im Reich nur geführt werden konnte, wenn der größte Kapitalanteil nicht aus eigener Wirtschaftskraft stammte, d. h. wenn es gelang, die Kriegskosten weitgehend aus Feindesland zu bestreiten. Bis dahin aber, um das Unternehmen überhaupt erst starten zu können, mußten Eigenmittel aufgebracht werden, für die drei Quellen vorgesehen waren: Lizenten, Getreidemonopol und Subsidien.

Die Bedeutung der Lizenten, der Seezölle, für Schwedens Krieg im Reich ist umstritten. Im Gegensatz zu K.-R. Böhme sieht M. Roberts in den Lizenten die Grundlage der schwedischen Kriegsfinanzierung schlechthin. Einhellig beurteilt wird aber die Wirksamkeit des Lizentensystems für die Anfangsphase des Krieges: Es versagte. Statt der erwarteten 580 000 Rtl. gingen nur rund 390 000 ein, die für Schuldentilgungen verwendet werden mußten.[19]

Nicht viel besser erging es den Hoffnungen auf das Geschäft mit dem Getreidemonopol. Bis 1629 hatte es so etwas wie eine gezielte Getreidehandelspolitik gar nicht gegeben. Nur Einzelmaßnahmen wie vorübergehende Getreideausfuhrverbote bei Mißernten oder zum Zweck massiver Getreidelieferungen an die schwedische Armee waren gelegentlich vorgekommen. Erst der Zwang zur Finanzierung des Krieges im Reich und eine günstige Entwicklung des Getreidepreises am Amsterdamer Markt ließen den Plan eines staatlichen Getreidemonopols aufkommen. 1629 wurde der erste Versuch unternommen, mit einem Ausfuhrverbot die Privatkonkurrenz zugunsten eines zentralen Staatshandels auszuschalten. Dabei richtete sich die Aktion in erster Linie gegen den Getreidehandel der baltischen Länder, deren Eigenproduktion ebenso getroffen werden sollte wie das Transitgetreide. 1630 ging man systematisch vor. Für den gesamten schwedischen Machtbereich erging ein striktes Getreideausfuhrverbot, und in allen Provinzen wurden staatliche Getreidehändler etabliert, die zu staatlich festgesetzten Preisen aufkauften. Der große Aufwand war aber letztlich vergebens: Der Monopolplan scheiterte 1631 an einem rapiden Preissturz auf dem Amsterdamer Getreidemarkt, und schon 1632 wurde der Getreidehandel im schwedischen Reich wieder freigegeben.[20]

Zerronnen war zur gleichen Zeit auch die Hoffnung, mit Hilfe des Zarenreiches zu einem gewinnträchtigen Getreidegeschäft zu kommen. Aus gemeinsamer Feindschaft gegen Polen hatte Rußland an Schweden Getreide zum Vorzugspreis geliefert, das im Herbst 1629 von Schweden mit Profit in Amsterdam verkauft wurde. Der sowjetische Historiker B. F. Poršnev hat aus diesem Handel für die Jahre 1628–1633 einen schwedischen Gewinn von 2,4 Millionen Rtl. geschätzt und davon allein dem Jahr 1630 an die 1,2 Millionen zugerechnet. L. Ekholm hat dagegen nachgewiesen, daß die Krone aus diesem Handel 1630 nur 43 000 Rtl. Gewinn erzielte und aus dem ganzen Handel insgesamt nur knapp 160 000 Rtl.[21] Daß dies der Wirklichkeit näherkommt, zeigt die drückende Finanznot, in der sich der Schwedenkönig bis zur Schlacht bei Breitenfeld im September 1631 befand. Denn auch die Aussichten auf Subsidien zerschlugen sich zunächst. Die Generalstaaten verweigerten Hilfsgelder aus Protest gegen das schwedische Getreidemonopol und gegen die Lizenten, und die Verhandlungen über französische Subsidien kamen erst im Vertrag zu Bärwalde im Januar 1631 zum Abschluß.

Die französischen Subsidien schafften zwar 1631 eine kleine Erleichterung, doch im Grunde stand Gustav Adolf in der Anfangsphase immer vor der Gefahr eines finanziellen Desasters. Bei der Landung in Pommern hatte er knapp 50 000 Rtl. bares Geld bei sich. In Preußen standen 4000 Mann Kavallerie für den Feldzug im Reich bereit, aber sie konnten nicht in Marsch gesetzt werden, weil die Krone ihnen an die 200 000 Rtl. Sold schuldete. Der Schwede hielt sich nur mühsam – mit Kleinstbeiträgen, mit Wechseln aus Amsterdam und Hamburg, mit erzwungenen pommerschen Hilfsgeldern und Kontributionsleistungen und nicht zuletzt damit, daß den Truppen nur ein Bruchteil des Soldes gezahlt wurde.[22] Nach der Preisgabe des gescheiterten Versuchs, ein Getreidemonopol durchzusetzen, konnte Schweden zwar die Generalstaaten zu einer Subsidienzahlung bewegen, aber sie erbrachten 1631 insgesamt nur 60 000 Rtl. und 1632 noch einmal 20 000 Rtl. – das war alles. Mit Frankreich waren im Vertrag zu Bärwalde höhere Zahlungen vereinbart, aber es ist schwer zu berechnen, was davon wirklich ausgezahlt wurde. K.-R. Böhme kommt für 1631 auf 314 924 Rtl.[23] Die französischen Subsidien sind gelegentlich überschätzt worden. Im weiteren Verlauf des Krieges kamen sie mehrfach ins Stocken, gelegentlich auch dann, wenn sie am dringendsten benötigt wurden. Für die Not des Jahres 1631 waren sie, wie gesagt, eine hochwillkommene Erleichterung, mehr allerdings auch nicht, denn selbst mit diesen Hilfsgeldern konnte beispielsweise der schwedischen Infanterie in diesem Jahr nur ein Drittel ihres Soldes gezahlt werden. Von daher ist es keine unangemessene Frage, ob ohne Breitenfeld und seine Folgen das ganze schwedische Unternehmen nicht doch noch aus finanziellen Gründen zusammengebrochen wäre.

So aber kam der Siegesmarsch durch das Reich bis München – welch ein Triumph! Und welch ein Geld auch! Vorbei war die drückende Finanznot mit dem immer drohenden Zusammenbruch. Erst einmal wurden jetzt die katholischen Territorien und Städte kräftig zur Ader gelassen: Würzburg 80 000 Rtl., Mainz 80 000, Landshut 100 000, Freising 100 000, um nur einige Beispiele zu nennen. Sicher, Forderung und tatsächliche Zahlung stimmten nicht immer überein. Von München waren 300 000 Rtl. verlangt, gezahlt wurden aber nur 100 000 in bar und gut 40 000 in Gold- und Silberschmuck. Aber auch die evangelischen Reichsstände gaben nun ihre bisher geübte Zurückhaltung auf. Subsidienverträge, wenn auch befristet, konnten mit den kapitalkräftigsten Reichsstädten über stattliche Summen abgeschlossen werden.[24]

Dank der Arbeit von W. Koppe über den schwedischen Staatshaushalt dieser Zeit können weitere Einzelheiten ausgeklammert bleiben und die Ergebnisse zusammengefaßt werden.[25] Die nun aus Deutschland fließenden Gelder ließen die schwedischen Ausgaben für den dortigen Kriegsschauplatz drastisch sinken. Zwar ist zu beachten, daß Schweden mit schwer erfaßbaren Posten für Montierung, Verproviantierung und andere Leistungen noch zusätzliche Gelder für die im Reich kämpfenden Truppen aufbrachte, aber im großen und ganzen war nach Breitenfeld das Ziel erreicht, daß der Krieg den Krieg ernährte. Dabei blieb es, bis die Niederlage von Nördlingen zu einem partiellen Rückzug Schwedens vom deutschen Kriegsschauplatz führte. Doch trotz der nun eingeschränkten Kontributionsgebiete konnte auch jetzt eine schwerwiegende Belastung des Mutterlandes vermieden werden, bis der schwedische Sieg bei Wittstock im Oktober 1636 die Kontributionsgebiete wieder ausweitete. Die Erneuerung des französisch-schwedischen Bündnisses von 1638 hat Schweden dann wieder französische Subsidien eingebracht, von denen gesagt worden ist, »daß Schweden den Krieg in Deutschland nur so hat durchhalten können«.[26]

Die Frage, ob die französischen Subsidien für Schwedens Kriegführung im Reich von 1639 bis 1648 entscheidend geworden sind, hat K.-R. Böhme etwas zurückhaltender beantwortet.[27] Auch Böhme unterstreicht zwar den Wert dieser Gelder für Schweden, weist aber stärker auf die Zahlungen hin, die aus dem Reich erhoben wurden. Diese Zahlungen sind freilich sehr unüberschaubar, nicht zuletzt weil die Kriegsausgaben für Deutschland im schwedischen Staatshaushalt zeitweise nicht mehr getrennt aufgeführt wurden.[28] Die Einnahmen aus dem Reich stiegen in dem Maße, wie Schweden in bestimmten Gebieten zum Aufbau einer kontinuierlichen Kriegsfinanzierung durch geregelte Kriegswirtschaft überging, die am eindrucksvollsten in Bremen und Verden funktioniert hat.[29] Bald nach der Eroberung dieser Gebiete konnte Schweden ein Finanzsystem aufbauen, das bis zum Ende des Krieges jährlich rund 200000 Rtl. abwarf, was etwa der Hälfte der französischen Subsidiensumme entsprach. Das gesamte System beruhte auf der Kapitalisierung aller Abgaben. Die zum größten Teil in Garnisonen zusammengezogenen Truppen wurden bar besoldet und gaben diesen Sold weitgehend im Lande wieder aus. Die Kasernierung bedeutete außerdem Schutz der Bevölkerung vor Übergriffen der Soldaten, was dem Ablauf von Landwirtschaft, Handel und Gewerbe um so dienlicher war. Die Belastung wurde von den Betroffenen zwar als hart empfunden, war aber in Wirklichkeit nicht größer, als wenn der Landesherr eine stehende Truppe unterhielt.

Dieses Finanzierungssystem ist von Schweden in den 40er Jahren überall dort zumindest ansatzweise eingeführt worden, wo der Besitz für Schweden längerfristig gesichert erschien. In weniger gesicherten Gebieten wurden die üblichen monatlichen Kontributionen erhoben in bar und in Naturallieferungen für Unterhalt, Ausrüstung und Ergänzung der Verbände. Daneben ging man zum Aufbau eines Magazinsystems über, um Versorgungsengpässe nicht durch Überbelastung der Kontributionsgebiete ausgleichen zu müssen. Trotzdem sind zusätzliche Zahlungen in unbekannter Höhe an die schwedischen

Kriegskassen und wohl auch an die Privatschatullen hoher Militärs geleistet worden. Sie kann man freilich nur sehr wahrscheinlich machen, nicht immer mit letzter Sicherheit beweisen. Um nur ein Beispiel zu nennen: Die Gelder, die bei der Kapitulation Leipzigs von der Stadt an Torstensson gezahlt worden sind, erscheinen nicht in dessen Abrechnungen.[30]

2. Die Militärs

Der Weg des Geldes in der Zeit des großen Krieges ging natürlich nicht an denen vorbei, die den Krieg im wörtlichen oder übertragenen Sinn als ihr Geschäft betrieben: den Militärs. Der damit angesprochene Personenkreis darf aber nicht zu weit und nicht zu eng gefaßt werden. Nicht zu weit, weil generell ausgeschlossen werden muß, was im Sprachgebrauch des 17. Jahrhunderts »Volk« heißt. Für das Volk im heutigen Sinn verwandte man Bezeichnungen wie »der gemeine Mann« oder später, nach absolutistischer Sprachregelung, »die Untertanen«. Als Wallenstein vor der Schlacht bei Lützen seinem Unterführer, dem Grafen zu Pappenheim, die bekannte Depesche nachschickte, er solle sofort »mit allem Volk und Stücken« kommen, da folgte er dem damals üblichen Sprachgebrauch: Das »Volk« war das Kriegsvolk, die Soldateska, die Truppe. »Mit Volk und Stücken« heißt: mit Soldaten und Kanonen.[31]

Dieses Volk, die Kriegsknechte also, blieb in der Regel ohne Reichtümer; der soziale Aufstieg vom Bauernsohn zum General gelang nicht allzu häufig.[32] Die Masse der Offiziere entstammte den verschiedenen Stufen der Adelshierarchie, wobei gleich anzumerken ist, daß Adelige für den Anfang auch mittlere und untere Kommandostellen nicht verschmähten. Mit der Bezeichnung »Militärs« sind aber in erster Linie die höheren Offiziere gemeint. Dieser Personenkreis darf nicht zu eng gesehen werden. Heerführer und Fürstlichkeiten mit Kommando über eigene Heere und dem Status von Verbündeten etwa der Krone Schweden gehören auf jeden Fall dazu. Diesen Militärs standen zwei Möglichkeiten der Bereicherung zur Verfügung. Die eine ergab sich aus der regulären Heeresverwaltung, die andere bestand in Sondervergünstigungen durch den Kriegsherrn.

Die Gewinnmöglichkeiten, die sich aus der Organisation der Söldnerheere ergaben, hat F. Redlich in seinem Werk über die deutschen

Kriegsunternehmer umfassend dargestellt.[33] Da die meisten Kriegsherren mit unzureichenden Finanzmitteln agierten, waren sie auf die Vorschüsse der Militärs angewiesen. Wer etwa ein Obristenpatent erworben hatte, stellte auf eigene Kosten ein Regiment auf, d. h. er zahlte die Werbe- und Anlaufgelder und den ersten Monatssold. Das war eine Kapitalanlage, die sich bezahlt machen konnte. Der Obrist stand nicht nur militärisch an der Spitze des Regiments, er war auch dessen Verwaltungschef, eben ein Kriegsunternehmer. Es erübrigt sich, alle Gewinnquellen aufzuzählen, die sich damit eröffneten. Die einfachste bestand darin, Kontribution für die Bezahlung der Sollstärke zu erheben und die Differenz zur Iststärke einzustecken, denn der wirkliche Personalbestand eines Regiments stimmte fast nie mit der Sollstärke auf dem Papier überein. Die Vorgänge bei der Aufstellung der kaiserlichen Armee zu Beginn von Wallensteins zweitem Generalat zeigen einmal mehr, wie begehrt der Besitz eines Regiments war. Zu den Bereicherungsmöglichkeiten aus der regulären Heeresverwaltung kamen dann noch je nach Fall Beute und Räubereien – letztere zwar irregulär, trotzdem praktiziert.

Bei den höheren und finanzkräftigeren Militärs ging es dann nicht mehr um einzelne Regimenter, sondern um ganze Truppenteile. Dazu ein bezeichnendes Beispiel. Im Jahre 1645 nahm der Hofkriegsrat in Wien gutachtlich Stellung zu der Frage, wem der Befehl über das westfälisch–niederrheinische Kreisheer übertragen werden solle, Melander oder Hatzfeld: »Auf die erste Frage, wer zum Capo in Westfalen zu gebrauchen, sind die gehorsamsten Räte dieser Meinung, dass Ew. Kaiserl. Majestät sich daselbst am besten des Melanders bedienen könnte, Ursachen halber, dass von ihm erstlich verhofft werden könnte, dass er von dem Seinen etwas vorschiessen möchte, dero Völker und der Verfassung auf die Beine zu helfen, so von dem Hatzfeld nicht zu hoffen«.[34] Es versteht sich, daß solche Kapitalanlagen auch riskant sein konnten. Als 1635 der in schwedischen Diensten stehende Hans Christopher v. Königsmarck einige Regimenter auf eigene Kosten übernahm, sah Schweden nicht gerade nach einer Siegermacht aus.[35] Trotzdem hoffte der geldgebende Militär letztlich doch auf mehr oder weniger reiche Belohnung, und zwar weniger aus dem Bereich der Heeresverwaltung als aus Sondervergünstigungen des Kriegsherrn. Die Kriegsherren litten meist unter Mangel an Bargeld, aber erstens stand gelegentlich doch die eine und die andere Summe zur Verfügung, und zweitens gab es für sie andere, nicht weniger lukrative Möglichkeiten, ihre Helfer und Getreuen zu belohnen. Dazu ein Beispiel, das zwar auf einer höheren Ebene liegt als der des Militärs, das aber die Grundelemente von Leistung und Gegenleistung klar aufzeigt. Als Kaiser Ferdinand II. in der Bedrängnis durch den böhmischen Ständeaufstand den Münchener Vertrag vom 8. Oktober 1619 schloß, befand sich der Bayernherzog dem Kaiser gegenüber wahrhaftig nicht in der Situation eines Militärs, der erst einmal Vorleistungen investiert in der Hoffnung auf spätere Belohnung. Der Herzog diktierte seinen Preis, er ließ sich die Ligahilfe im voraus teuer bezahlen: mit Landbesitz und Rangerhöhung. Beide bildeten in der Tat die Hauptleistungsmittel, wobei Landbesitz und Bargeld in etwa als austauschbare Werte gesehen werden können.

Der einfachste und beste Fall, Dienste zu entschädigen, ohne eigene Mittel einzusetzen, war die Besitzumwälzung durch Konfiskationen und Eroberungen. Sie begleiteten den Krieg im Reich praktisch von Anfang bis Ende, wenn man den Entschädigungsschacher auf dem Friedenskongreß einschließt. Die aufständischen böhmischen Stände eröffneten diese lange Reihe, indem sie die Besitzungen der katholischen Kirche sowie katholischer und anderer widersetzlicher Adeliger konfiszierten. Noch nach der Schlacht am Weißen Berge, im Dezember 1620, beschloß man in Schlesien Konfiskationen, um für Friedrich V. letzten Beistand organisieren zu können. In Wirklichkeit aber stand das Konfiskationsinstrument schon bereit, der Rache der Sieger zu dienen. Die Niederwerfung des Ständeaufstands war zeitlich verbunden mit einem Vorgang, der auf den ersten Blick wenig, auf den zweiten sehr viel mit ihr zu tun hat: der sogenannten Kipper- und Wipperzeit.

Auch im Habsburgerreich hatte die Inflation relativ früh begonnen; ab 1618 trieben die Kriegskosten die Münzverschlechterung langsam, aber stetig voran. Doch erst ab Februar 1622, mit dem Auftritt des berühmt-berüchtigten »Konsortiums«, begann sie zu galoppieren. Im Monat zuvor hatte die kaiserliche Hofkammer gegen Zahlung von 6 Millionen Gulden das Münzregal in Böhmen, Mähren und Niederösterreich auf ein Jahr an ein Konsortium verpachtet, das später großes Aufsehen erregen sollte. Die Unbekanntheit eines Teils der Mitglieder, Gerüchte maßloser Bereicherung, langwierige Prozesse und verschwundene Akten – all das reizte die Neugier und die Forschung. Aber die Neugier blieb unbefriedigt, denn der direkte Gewinn der Konsorten am Münzgeschäft erwies sich letztlich als unkontrollierbar.

Bekannt sind dagegen die enormen Bereicherungsmöglichkeiten, die das nun massenhaft ins Land geworfene schlechte Geld – das »lange Geld«, wie es im Habsburgerreich hieß – indirekt denen bot, die an der Quelle politischer und wirtschaftlicher Macht saßen. Jedenfalls bis zum Sommer 1623, als das »lange Geld« wieder außer Kurs gesetzt wurde.[36]

Diese Bereichungsmöglichkeiten hingen mit der Rache der Sieger in Böhmen zusammen. Der erste Schritt erfolgte bereits im Sommer 1621. Von den nicht geflohenen und verhafteten Teilnehmern des Ständeaufstands wurden im Juli 24 Personen hingerichtet. Der nächste Schritt, die Konfiskationen, zog sich länger hin, denn die dazu eingesetzten Kommissionen konfiszierten nicht nur die Güter der Hauptbeteiligten, sondern nahmen auch Teilkonfiskationen bei weniger exponierten Gefolgsleuten der Aufständischen vor. Ihnen wurde jedoch oft genug der ganze Besitz genommen – gegen eine Zwangsentschädigung in »langem Geld«, so daß es praktisch doch auf eine Totalkonfiskation hinauslief. Mindestens die Hälfte, maximal drei Viertel vom gesamten Grund und Boden des Königreichs Böhmen haben auf diese Weise die Besitzer gewechselt. Andererseits wurden die konfizierten Güter nicht nach dem Rat des Bayernherzogs unter kaiserliche Verwaltung gestellt, sondern an getreue Militärs und Parteigänger verkauft – teilweise wieder gegen »langes Geld«. Auf diese Weise konnten mit verhältnismäßig wenigen Mitteln große Ländermassen erworben werden. Geschädigt wurde damit zunächst einmal der Kaiser, der um den größten Teil des Konfiskationsgewinns gebracht wurde. Dennoch zog der Kaiser beachtlichen Nutzen aus der Aktion, Nutzen für seine absolutistische Herrschaft, praktisch und verfassungsrechtlich.[37]

Von den Militärs, die in dieser Zeit in Böhmen zu Gütern kamen, war Wallenstein zweifelsohne der erfolgreichste. Zwischen 1621 und 1624 brachte er durch Kauf, Verkauf, Tausch und mit anderen Mitteln jenen gewaltigen Landkomplex zusammen, der später zum Herzogtum Friedland erhoben werden sollte. Wie das Riesengeschäft bewerkstelligt wurde, ist allem Forscherfleiß zum Trotz nicht mehr genau nachvollziehbar. Das Ergebnis aber ist bekannt: Friedland diente Wallenstein als Grundlage für einen Aufstieg, der ihn zum Herzog von Mecklenburg und Reichsfürsten werden ließ.

Der Schatten dieses größten Verdieners an der Besitz- und Machtumwälzung in Böhmen nach der Schlacht am Weißen Berge hat die anderen Profiteure leicht verdeckt, obschon man sie nicht vergessen darf, die Colloredo und Collalto, die Verdugo und Piccolomini. Ein eindrucksvolles Beispiel für das Hochkommen auch ganz unbedeutender Militärs ist Balthasar Marradas, ein aus Valencia gebürtiger Spanier, der unter Kaiser Rudolf II. an den Wiener Hof kam, wo er Obrist und Kriegsrat wurde. Obwohl er keine militärischen Qualitäten besaß, machte er im Heer Karriere, wurde 1621 in den Grafenstand erhoben und brachte es bis zum zweiten Mann nach Wallenstein. In den Jahren 1621/22 bediente er sich in Südböhmen kräftig an konfiszierten Gütern. Bezeichnend dabei ist der Erwerb seiner größten Besitzung, der Herrschaft Frauenberg. Auf 273 000 fl geschätzt, erhielt er sie für 200 000 fl. Auf diesen Preis konnte er anrechnen: ein Ehrengeschenk des Kaisers in Höhe von 80 000 fl, rückständigen Sold in Höhe von 82 000 fl und noch unbezahlte Vorschüsse für sein Regiment von insgesamt 37 200 fl – d. h. er bezahlte genau 800 fl, einen nur symbolischen Preis! H. Hallwich hat ihn so charakterisiert: »Er war ein Günstling, ist Alles, was sich mit Unparteilichkeit von ihm sagen läßt«.[38]

Wallenstein, der größte Profiteur der neuen Habsburgermacht in Böhmen, wurde auch zum markantesten Repräsentanten jener Selbsterhaltungsloyalität, die auch die kleineren Nutznießer an der Seite Habsburgs hielt. Als Wallenstein gegen Ende seines zweiten Generalats diese Loyalität aufgab, wiederholte sich an seinem Teil Böhmens, was nach der Schlacht am Weißen Berge die Hälfte oder mehr des ganzen Königreichs getroffen hatte: Seine Besitzungen wurden konfisziert und daraus die Helfer bei seiner Beseitigung belohnt. Der Vorgang ist ein gutes Beispiel für Sondervergünstigungen durch den Kriegsherrn an Militärs, an jene Getreuen, die sich die Beute schon vorher ausgerechnet hatten. Als Walter Leslie die Tatnachricht in Wien überbrachte, erhob ihn der Kaiser auf der Stelle in den Grafenstand. Noch zahlreiche Rangerhöhungen, Beförderungen und Auszeichnungen folgten. Sofort ging es auch an die Verteilung des Landbesitzes. Wallenstein war noch nicht begraben, als seine und der anderen Getöteten Güter bereits konfisziert wurden. Auf runde 14 Millionen ist der Wert geschätzt worden. Sie wurden zumeist an Militärs wie Gallas, Piccolomini, Aldringen usw. verteilt. Nur die Fürstentümer Sagan und Groß-Glogau zog der Kaiser für sein Haus ein.[39]

Hohe Militärs und andere Getreue mit eroberten und konfiszierten Ländereien auszustatten, war längst kaiserliche Praxis, und Wallenstein bildete nur einen besonders herausragenden Fall, als er vom Kaiser mit dem Herzogtum Mecklenburg belehnt wurde. Diese Möglichkeit, mit Ländereien Parteigänger zu gewinnen und Gläubiger zufriedenzustellen, haben auch die Schweden reichlich genutzt. Bei ihnen waren es weniger die Obristen, die große Kapitalien ins Heer investierten, als die Generäle, die besonders in der Zeit nach Gustav Adolfs Tod zu einer finanziellen Macht in der schwedischen Armee wurden. Nicht nur ihre ebenso hohen wie fast immer rückständigen Soldzahlungen hatten sie von der Krone Schweden zu fordern, sondern auch die vorgeschossenen Gelder, wobei sie nicht selten auf eigenen Kredit Anleihen vermittelt hatten. Solche Forderungen in bar zu begleichen, war die Krone nicht in der Lage, also ging man auch hier daran, erobertes Land zu verteilen. Die schwedischen Donationen, rechtlich: Neubelehnungen, gingen in die Hunderte.[40] Besonders umfangreich war die »Donation der assignierten Gebiete« von 1633, mit der Schweden die geistlichen Territorien Fulda, Corvey und Paderborn dem Landgrafen von Hessen-Kassel schenkte. Auch die Vergabe des von Schweden neugeschaffenen Herzogtums Franken an Bernhard v. Weimar ist hier zu nennen.[41] Seit der Eroberung von Bremen und Verden durch schwedische Truppen wurden dort ebenfalls Ländereien in großem Umfang als Donationen vergeben, darunter an einen Militär deutscher Abstammung, der im Dienste Schwedens besonders gut gefahren war. Das hebt ihn aus der Masse seiner Kollegen in allen Lagern heraus, ansonsten aber ist er ein exemplarischer Fall.

Hans Christopher v. Königsmarck (1605–1663) entstammte zwar altem brandenburgischen Adel, seine wirtschaftliche Situation aber erhellt die Tatsache, daß er seine militärische Laufbahn 1620 als schlichter Kavallerist beginnen mußte, nach ein paar Jahren sogar zur Infanterie wechselte.[42] Das war bei den Kaiserlichen unter Wallenstein bis zum Ende des ersten Generalats, dann wurde er als Fähnrich abgedankt. Als er ein Jahr später den Schweden seine Dienste anbot, war er immerhin schon in der Lage, selbst eine Kompanie Dragoner anzuwerben. Von da an ging es langsam, aber stetig aufwärts. Dabei waren ihm nicht nur sein militärisches Geschick, sondern auch seine finanziellen und organisatorischen Talente hilfreich. 1645 eroberte er im Auftrag Torstenssons Bremen und Verden und wurde deren erster schwedischer Gouverneur im Rang eines Generalleutnants. Noch kurz vor Friedensschluß, im Juni 1648, gelang ihm mit der Eroberung der Prager Kleinseite ein militärisches Glanzstück. Die Schweden machten ungeheure Beute. Daß Königsmarck seinen Beuteanteil freiwillig an Königin Christine abtrat, zahlte sich erwartungsgemäß aus. Die Königin bestätigte ihn im Amt des Gouverneurs von Bremen und Verden über 1648 hinaus, erhob ihn in den schwedischen Grafenstand und ließ ihn in den Reichsrat aufnehmen. Trotz einiger Schwierigkeiten in der Zeit von Königin Christines Nachfolger Karl X. Gustav gelang es Königsmarck mit Geduld und Geschick, seinen Besitz zu mehren und zu arrondieren. Als er 1663 starb, hinterließ der ehemalige kaiserliche Kavallerist in Form von Bargeld, Darlehen und Grundbesitz an die zwei Millionen Reichstaler.

Er war, wie gesagt, ein besonders erfolgreicher Militär, aber auch kleinere Kriegsunternehmer konnten ihre Besitzungen stattlich mehren. Alexander II. v. Velen (1599–1675) aus dem Münsterland kann dafür als Beispiel dienen. Sein Vater ebnete ihm die militärische Laufbahn, die er 1618 als neunzehnjähriger Hauptmann in einem Regiment der Ligatruppen begann. Das Hauptwirkungsfeld für ihn blieb seine westfälische Heimat, und im Vergleich mit Königsmarck nimmt er sich auch sonst etwas provinziell aus. Aber sein Geschäft mit Vorschüssen auf die Truppe und allen übrigen Bereicherungsmöglichkeiten verstand er ausgezeichnet. Der Fürstbischof von Lüttich äußerte über ihn: »Der graeffe von Velen hat in Westfalen einen gueten Krieg gehabt. Er hat woll ein pahr Millionen genossen. Er hat sich allzeit stattlich gehalten, verschiedene silberne Servicen machen lassen. Hat auch eine ansehnliche parschafft«.[43] Die »Millionen« sind nicht wörtlich zu nehmen, doch allein die nachweisbaren Aufwendungen für Güterkäufe und Bautätigkeit liegen über 300 000 Rtl. Sein Biograph hat weder das endgültige Vermögen noch dessen Herkunft nachrechnen können, und zumindest das Letztere dürfte auch unmöglich sein.[44] Die hinterlassenen Kontributionsakten des Herrn v. Velen sind ein so undurchdringlicher Dschungel, daß sie gewiß weder von seinen Auftraggebern noch von der münsterischen Regierung durchschaut werden konnten.[45] Dies und die häufigen Beschwerden über Willkürlichkeiten in seinen Kontributionserhebungen sprechen aber eine deutliche Sprache.

Abschließend sei noch einer der wenigen hohen Militärs erwähnt, die sozial gesehen von ganz unten gekommen sind. Jan v. Werth (um 1590–1662) war ein Bauernsohn aus dem Herzogtum Jülich, dem man auch als Freiherrn und Generalleutnant die Feldpost vorlesen mußte, weil er nicht lesen und schreiben, sondern nur seinen Namen malen konnte. Seine militärische Laufbahn hatte er in spanischen Kriegsdiensten gegen die Holländer begonnen. 1619 befand er sich bei den spanischen Truppen, die aus den Niederlanden dem Kaiser zu Hilfe geschickt wurden, kehrte aber nach der Schlacht am Weißen Berge in die spanischen Niederlande zurück. Erst 1631 ließ er sich von der Liga anwerben, in deren Diensten er dann seinen großen Ruf als Reiterführer erwarb. Räubereien, Soldunterschleife und dergleichen sind von ihm nicht bekannt, trotzdem wurde er ein reicher Mann, der große Summen für seine Truppe vorstrecken konnte. Am Ende seiner langen Kriegerlaufbahn besaß er einen ausgedehnten Güterbesitz, darunter eine große Herrschaft in Böhmen.[46]

Die Vorstellungen über die im Krieg erworbenen Reichtümer der höheren Militärs sind bei Zeitgenossen wie Späteren oft überdimensional gewesen. Die Tatsache der Bereicherung aber ist unzweifelhaft. Das wird noch einmal deutlich am Ende des Krieges, als die fünf Millionen Rtl. für die schwedische Armee aufgebracht wurden. Scharenweise stellten sich neben Diplomaten hohe und höchste Militärs ein, um ihre Forderungen an die Krone zu präsentieren. Es ist geschätzt worden, daß etwa 1,5 Millionen Rtl. für die Ablöhnung der ca. 50 000 deutschen Söldner in schwedischen Diensten verwendet wurden. Das heißt zwar nicht, daß der Rest hauptsächlich an Militärs gegangen ist, aber ihr Anteil war anscheinend doch beachtlich.[47] Von den Bereicherungen der adeligen Offiziersschicht her gesehen hat der große Krieg tatsächlich den »feudalen Führungsschichten« dazu gedient, auf schnellstem Wege »ihren Anteil bei der Verteilung des Sozialprodukts zu vergrößern«.[48]

3. Kriegswirtschaft

Lange und heftig ist in der Forschung über eine Frage gestritten worden, die sich verkürzt auf folgenden Nenner bringen läßt: Hat der große Krieg ein blühendes und wachsendes Wirtschaftsleben im Reich zerstört, oder war im Gegenteil die Wirtschaftsentwicklung schon vorher auf dem absteigenden Ast, so daß der Krieg diesen Niedergang nur beschleunigt und verstärkt hat? Eine neuere landesgeschichtliche Untersuchung über Württemberg ist für diese Fragestellung zu dem Ergebnis gekommen, beides sei falsch: »Der Krieg hat neue Tatbestände und Möglichkeiten im wirtschaftlichen Bereich geschaffen. Aber es ist offensichtlich nicht so, daß ihm eine wirtschaftliche Blütezeit vorausging; und ihm folgte auch nicht eine langanhaltende Periode des Niedergangs oder der Stagnation«.[49]

Noch deutlicher wird das Problem in einer Detailfrage, der Frage nach der Einschätzung der sogenannten Kipper- und Wipperzeit, der Inflation der Jahre 1618–1622/23. Die Bezeichnung wird in der Literatur nicht ganz einheitlich, überwiegend aber erklärt als abgeleitet von »kippen«, dem Beschneiden vollwertiger Münzen, und »wippen«, dem ungenauen Auswiegen. Die Sache selbst ist höchst einfach. Den Münzen wurde zunehmend das Silber entzogen und durch Kupfer ersetzt. Mit dem schlechten Geld kaufte man, wenn auch mit Aufpreis, die alten, vollwertigen Münzen, um sie anschließend zu noch schlechterem Geld wieder einzuschmelzen. Anfangs brach ein regelrechtes Geldfieber aus, man tauschte seine alten Taler gegen ein Drei-, Vier- und Mehrfaches, ohne die Fälschung zu bemerken. Der anschließende Schock war dann um so größer. Der Spuk dauerte bis 1622, in manchen Gebieten bis 1623. Danach wurden die minderwertigen Geldsorten widerrufen, und der alte Münzfuß trat wieder in Kraft.

So diffizil die Hintergründe sind, die galoppierende Inflation, die eigentliche Kipper- und Wipperzeit, war ein durchaus künstliches Produkt, herbeigeführt von den Herren der Münzhoheit, wobei es ein Territorium dem andern nachmachte.[50] Die Kontroverse, um die es jetzt geht, dreht sich aber nicht um die Gründe, sondern um die Folgen. Die negativste Einschätzung lautet: »So hat die Zeit der Kipper und Wipper den materiellen Wohlstand Deutschlands stärker zerstört als der Dreißigjährige Krieg in seinen sonstigen unmittelbaren ökonomischen Auswirkungen«. Zuletzt hat in dieser Richtung S. H. Steinberg argumentiert, »daß die Inflation der Jahre 1619–23 die angesammelten Gewinne des voraufgegangenen Jahrhunderts annuliert oder vielmehr eine durchgreifende Verschiebung von Besitz und Kapital bewirkt hatte«.[51] Diese Stimmen zählen allerdings zu den Ausnahmen. Die neuere Forschung tendiert bei der Beurteilung der Inflation mehrheitlich in die Richtung, die W. v. Hippel in der oben zitierten Untersuchung über Württemberg vertritt: »Ihr kam keinesfalls die Bedeutung einer tiefgreifenden, längerfristig wirksamen wirtschaftlichen Erschütterung zu«.[52]

Im folgenden soll es aber nicht um die wirtschaftliche Vorkriegssituation im Reich gehen und auch nicht um Kriegsfolgen für die Wirtschaft nach 1648, sondern um Möglichkeiten wirtschaftlichen Handelns während des Krieges, also um die Wirtschaft unter Kriegsbedingungen. Daß dies nur mit Hilfe einzelner regionaler und lokaler Beispiele geschehen kann, ist bei der Weite des Themas und dem Stand der Forschung unvermeidbar.

1941 erschien eine Untersuchung über »Die Wirkungen des Dreißigjährigen Krieges in der Pflege Coburg«, d. h. über jenes Gebiet, das Gustav Freytag für seine »Bilder aus der deutschen Vergangenheit« als Vorbild gedient hatte.[53] Die Untersuchung bestätigt Freytags Schreckensbild voll und ganz. Mit Quellen der gleichen Gattung und Quantität hat einige Jahre später I. Bog die bäuerliche Wirtschaft eines benachbarten Gebietes genauso minutiös untersucht, eines Gebietes, das zur selben Zeit und mit ähnlicher Härte vom großen Krieg betroffen wurde wie die Pflege Coburg. Die Ergebnisse liegen weit auseinander: »Dort Zerstörung, Hunger, Tod, Apathie der Überlebenden, hier natürlich auch starke Verluste, daneben aber der ununterbrochene Ablauf der Wirtschaft in neuen Kriegsformen«.[54] Womit einmal mehr bewiesen ist, daß in bezug auf Kriegsfolgen Verallgemeinerungen durch die differenzierenden Ergebnisse landesgeschichtlicher Forschung zu ersetzen sind.

Die gerade erwähnte Arbeit von I. Bog über das Klosterverwalteramt Heilsbronn zeigt eindrucksvoll, wie bäuerliche Wirtschaft – und um diese geht es hier – auch unter Kriegsbedingungen fortgeführt werden konnte. Zunächst, bis über das erste Kriegsjahrzehnt hinaus, bestand im Fränkischen kein Anlaß für die Entwicklung einer Kriegswirtschaft, blieb das Gebiet doch bis 1631 von Durchzügen und militärischen Aktionen weitgehend verschont. Zur Katastrophe kam es mit den gewaltigen Truppenmassierungen bei Nürnberg im Sommer 1632, als sich die Armeen Wallensteins und Gustav Adolfs auf engstem Raum gegenüberlagen und das Umland aussogen. Jetzt begann ein schmerzlicher Lernprozeß. Je länger, je mehr trat die Obrigkeit in Aktion, organisierten Fürst und Beamte wirkungsvolle Abwehrmaßnahmen. »So entwickelte sich nach 1632 das bewegliche System des Einfliehens, das sich über den ganzen Krieg hin erhielt und bewährte und dem es in Verbindung mit anderen Fakten, die a conto des Staates gehen, zu danken ist, wenn 50 % der Untertanen, auf ihren Gütern auskömmlich wirtschaftend, den Krieg überstanden«.[55] Flucht in die Stadt war teuer, denn abgesehen vom Kauf der Lebensmittel verlangten die Städte von den Flüchtigen Abgaben in unterschiedlicher Höhe, versuchten sie doch, Kriegslasten nicht nur auf ihre Bürger, sondern möglichst auf alle in ihren Mauern Lebenden zu verteilen.[56] Hier konnte die Obrigkeit mit ihren festen Amtshäusern Hilfe bringen. Wer nicht für lange Zeit in eine Stadt zog, um sich dort eine Existenz womöglich bis zum Kriegsende zu suchen, der bewirtschaftete in ruhigen Zeiten sein Land und floh im Gefahrenfall in den festen Amtssitz. Eine Evakuierung in die Stadt kam dann nur noch in äußersten Notfällen in Betracht.

Die Obrigkeit stellte aber nicht nur die Amtshäuser zur Verfügung. Dieses ganze Einfliehsystem konnte nur funktionieren, wenn fähige Beamte seine Rahmenbedingungen organisierten. Die Grundlage aller Maßnahmen zur Schadensverhütung war die rechtzeitige Information. Wenn man über die Truppenbewegungen im Umkreis des eigenen Gebietes rechtzeitig Bescheid wußte, konnte man geeignete Schritte unternehmen. »Um dieser Lageübersicht willen organisierte sich alles, was als Beamter oder als Grundherr eine Verantwortung trug, mit allem, was über die Straßen reiste, mit jedem, der geeignet war, Nachrichten zu überbringen und aufzunehmen«.[57] Schon bei Annäherung einer Truppe mußte mit dem zuständigen Befehlshaber über die Salva Guardia verhandelt werden, über die von der durchziehenden Truppe abgestellte Schutzwache für den Amtssitz, in den die Landbevölkerung mit Hab und Gut einfloh. Diese Salva Guardia kostete natürlich Geld, das anteilig auf die Eingeflohenen umgelegt wurde, aber weitere Kosten entstanden für die Betroffenen nicht. Damit war der Amtssitz als Schutzort nicht nur wesentlich preisgünstiger als die Stadt, sondern er lag in der Regel auch näher, so nahe, daß vom Amtssitz aus die nötigsten Feldarbeiten durchgeführt werden konnten.[58] Zwar versuchten die Beamten bei Annäherung kleinerer Abteilungen, diese gegen Zahlungen auf andere Wege um das eigene Gebiet herumzuleiten, aber im allgemeinen ging es weniger darum, Durchmärsche und Einquartierungen zu vermeiden, als sie zu organisieren. Die Kontributionsforderungen der Truppen, besonders der Lebensmittelbedarf, mußten befriedigt werden, um Ausschreitungen zu verhindern. Die Beamten begleiteten organisierend und kontrollierend den Zug durch das Amt, bis die Gefahr vorüber war.

Ohne hier allzu sehr ins Detail zu gehen: es gab vielerlei Möglichkeiten der Schadensverhütung. Sie wurden jahrein, jahraus mit Erfolg wahrgenommen, und zwar in engster Zusammenarbeit zwischen Fürst und Beamten. Das hat I. Bog für sein Untersuchungsgebiet zu dem abschließenden Urteil bewogen: »Was den Krieg überstand, blieb erhalten durch den Staat«.[59] Wie gesagt, der Vergleich mit der benachbarten Pflege Coburg zeigt, daß Verallgemeinerungen nicht möglich sind. Andererseits ist die erfolgreiche obrigkeitliche Schadensverhütung auch kein Einzelfall. Es sei nur an Graf Anton Günther von Oldenburg erinnert, der wohl zu den erfolgreichsten damaligen Landesherren zählt im Bemühen, den Grenzen seines Territoriums die Unbilden des Krieges fernzuhalten. Seine weitreichenden diplomatischen Beziehungen und nicht zuletzt die heißbegehrten Oldenburger Pferde haben es ihm fast immer ermöglicht, die gefürchteten Söldnerströme an seiner Grafschaft vorbeizulenken.[60]

Wie stand es, im Verhältnis zu den obrigkeitlich organisierten Maßnahmen zur Schadensverhütung, mit dem bäuerlichen Widerstand im engeren Sinne, dem Widerstand gegen Soldaten mit der Waffe in der Hand? In der Literatur werden Beispiele genannt, in denen Bauern Marodeure niedermachen oder Plünderern die Beute mit Gewalt abjagen.[61] Freilich war gewaltsamer Widerstand für die Bauern ein zweischneidiges Schwert. Wenn sie in bestimmten Situationen überhaupt dazu in der Lage waren, konnte das später immer noch zu Racheakten der Soldaten führen.[62] Vor allem aber sicherten sich die Soldaten dann durch entsprechende Übermacht, wenn es zu einer besonders beliebten Räuberei des großen Krieges ging: dem Viehraub.

Die »Abnahme« des Viehs war ein sehr verbreitetes und schließlich geradezu ritualisiertes »Geschäft« zwischen Soldaten und Bauern geworden. Auf seiten der Räuber bestand ein gewisser Zwang, den Raub recht bald nutzbringend loszuwerden. Wenn die Soldaten nicht längere Zeit als Kuhhirten und Rindertreiber fungieren wollten, mußten sie die Tiere bei erster Gelegenheit verkaufen, d. h. sie trieben sie ein paar Dörfer weiter und boten sie den Bauern zu günstigen Preisen an. Die zahlreichen obrigkeitlichen Mandate aus allen Gegenden des Reiches bestätigen nur die bekannte Tatsache, daß sie nicht eingehalten wurden. Natürlich wußten die kaufenden Bauern so gut wie die anbietenden Soldaten von der dunklen Herkunft dieser Ware – aber bei Billigpreisen war offensichtlich die Gelegenheit für die Bauern einfach zu verlockend. Der Bürgermeister von Marktredwitz hat für diesen schwunghaften Viehhandel bei aller Entrüstung doch ein ergötzliches Bild gefunden, als er schrieb: »Und wenn an manchem Ort eine Partei Soldaten mit einer geraubten Herde Vieh ankam, da war bei etlichen gottlosen Menschen ein freudenreiches Zulaufen und Abkaufen, nit anders, als wenn zu Amsterdam in Holland eine indianische Flotte anlangte«.[63] Er ließ allerdings erkennen, daß bei dieser Gelegenheit auch die sozialen Gegensätze innerhalb der Landbevölkerung wirksam wurden. Angehörige der unterbäuerlichen Schicht, Knechte, landlose Tagelöhner u. a. nahmen die günstige Gelegenheit wahr, als Zwischenhändler für geraubtes Vieh zu Geld zu kommen. Andererseits haben unbestreitbar die Bauern selbst mit ihrer durch keine Verbote zu bremsenden Kaufbereitschaft dieser Art Handel und damit dem Viehraub Vorschub geleistet. Ritualisiert war das »Geschäft« dann, wenn die Soldaten das geraubte Vieh an Ort und Stelle den Besitzern »zurückverkauften«, die Tiere also gegen eine gewisse Ablösesumme wieder herausgaben.

Selbstverständlich war während des großen Krieges Vieh nicht das einzige Objekt eines schwunghaften Handels, nur fand der Handel weniger auf dem platten Land als in den Städten statt. Damit ist eine ganz wichtige Frage angesprochen. Es hat zwar wenig Sinn, die gesamten Kosten des Dreißigjährigen Krieges oder auch nur einer der beteiligten Mächte schätzen zu wollen, aber zweifelsohne sind gewaltige Summen aufgebracht worden. Wie im Abschnitt über die Heeresfinanzierung gezeigt, stammten diese Gelder aller Wahrscheinlichkeit nach zum größten Teil aus dem Reich. Wo aber blieb das ganze Geld? Nun, zu einem Teil blieb es im Lande. Ein Musterbeispiel dafür sind Bremen und Verden unter schwedischer Besatzung. Die volle Kapitalisierung der Abgaben erlaubte es, die Soldaten in Garnisonen mit barem Geld zu besolden, womit diese ihre Bedürfnisse durch Kauf befriedigten, d. h. das Geld blieb im Lande, im engeren Sinne im Territorium. Daneben blieb ein Teil der von den Söldnern im Dreißigjährigen Krieg eingenommenen Gelder zwar nicht unbedingt im Herkunftsterritorium, aber doch im Reich. Die von R. Hoeniger beigebrachten Quellenaussagen über einkaufende Soldaten in deutschen Städten bleiben bei ihm zwar isoliert und damit irreführend, sind im Detail aber richtig und lassen sich ganz erheblich vermehren.[64] Die Kontributionslasten und sonstigen Kriegskosten einer Stadt müßten zu den eventuellen Einnahmen aus einem kriegsbedingten Handelsaufschwung in Relation gesetzt werden können, um hier klarer zu sehen. Schließlich kommen nicht nur Soldaten in Betracht, die mit massenhaften Einkäufen einem städtischen Markt zu gesteigerten Umsätzen verhelfen. Der ganze Bereich der Heeresbelieferung, von Rüstungsgütern bis zu Lebensmitteln, muß berücksichtigt werden.

Unabdingbare Voraussetzung war freilich, daß der Handel durch das Kriegsgeschehen nicht allzu sehr beeinträchtigt oder gar völlig ausgeschaltet wurde. Das heißt hier in erster Linie, daß die Sicherheit der Verkehrswege für Warentransporte gewährleistet sein mußte. Es wird noch zu zeigen sein, daß die Armeeführungen aus wohlverstandenem Eigeninteresse an guter Disziplin ihrer Truppen und besonders an einem ungestörten Wirtschaftsablauf interessiert waren.[65] Eine bekannte Maßnahme dieser Art ist der schwedische Schutzbrief für die Frankfurter Messe von 1632. Der Schwedenkönig befahl darin allen Offizieren und Soldaten, die Messekaufleute ohne Ansehen von Nationalität und Religion zu schützen und »sie im geringsten nicht pressieren«.[66] Wallenstein, um nur einen seiner vielen einschlägigen Befehle zu zitieren, hat 1629 seiner Truppe eingeschärft, die Wirtschaft nur ja in Ruhe zu lassen: keine Behinderung der Kaufleute und vor allem »sich nicht unterstehen einigen Zoll, auf was waaren es auch immer sein könne, Zu schlagen«.[67] Damit ist das eigentliche Problem genannt. Die Situation der Kaufleute war im Grunde ähnlich wie die der Bauern. Letzteren nahm man das Vieh und verkaufte es woanders, oder noch einfacher, man gab es den Besitzern gegen ein Ablösegeld zurück. Das entsprach einer Art Sondersteuer auf Vieh. Genau dieses Verfahren beim Handel anzuwenden, lag um so näher, als Zölle ohnehin zum Alltag des Warenverkehrs gehörten. Die Verlockung für die Soldaten bestand weniger darin, Waren zu rauben, zum Eigenbedarf oder um sie woanders zu verkaufen, sondern in der Möglichkeit, ein Aufgeld zu erpressen, in Wallensteins Worten, »einigen Zoll« aufzuschlagen.

Auch hohe Militärs und Armeeführungen haben den erpressungsanfälligen Warenverkehr gelegentlich als Druckmittel benutzt, angefangen mit der versteckten Drohung, den Handel einer Stadt nicht mehr schützen zu können, bis zur Beschlagnahme von Waren als Faustpfand. Auch hier mag das Beispiel des Schwedenkönigs genügen, der die Reichsstadt Frankfurt durch Bedrohung ihres Messehandels gefügig zu machen versuchte.[68] Im ganzen ist über Sicherheit oder Unsicherheit der Verkehrswege nichts zu sagen, weil sie zeitlich und regional zu unterschiedlich war. Pauschalurteile wie »Handel und Gewerbe lagen darnieder« sind aber sicher verfehlt. Nicht nur die Armeeführungen setzten sich – jedenfalls in der Regel – für den Schutz des Handels ein, sondern dieser konnte sich in gewissem Maße auch selbst helfen, beispielsweise durch Sammeltransporte unter Geleitschutz. Daß freilich selbst ein solcher Konvoi erfolgreich überfallen werden konnte, erlebten Nürnberger und Augsburger Kaufleute, die sich 1638 zu einem Besuch der Leipziger Messe zusammengefunden hatten.[69]

Ein Beispiel für das Nebeneinander größter Unterschiede auf engem Raum bietet der Handel der klevischen Städte im Dreißigjährigen Krieg. Während dort vor allem die linksrheinischen Städte schwerste Einbußen hinnehmen mußten und hochverschuldet aus dem Krieg hervorgingen, konnten Emmerich und Wesel ihre traditionell engen Verbindungen zu den nahen Generalstaaten noch ausbauen und trotz der Belastungen, die sich aus den Bemühungen zur Aufrechterhaltung ihrer Neutralität ergaben, einen blühenden Handel betreiben.[70] Die Gründe sind vielfältig, liegen zum Teil in wirtschaftlichen Entwicklungen schon in der Vorkriegszeit, zum Teil aber auch in der militärischen Situation, die Wesel und Emmerich den mehr oder weniger intensiven Schutz der Generalstaaten eintrug. Ein Beispiel nicht für räumliches Nebeneinander von Gegensätzen, sondern für ein Nacheinander von wirtschaftlichem Vorteil und Nachteil ist die Reichsstadt Köln. Der Rat suchte sein Heil in der Wahrung striktester Neutralität, die ihn jeden Anbiederungsversuch der Liga eisern zurückweisen ließ. Das hielt ihn freilich nicht davon ab, seinen Bürgern den Einstieg ins große Kriegsgeschäft zu erlauben. Köln verkaufte Kriegsmaterial und Proviant an alle kriegführenden Parteien. Dem Druck des Kaisers, freiwillig Reichssteuer zu zahlen, konnte die Stadt sich jedoch nicht entziehen, ebensowenig den Sonderbelastungen durch den Prager Frieden.[71] Beim Westfälischen Frieden zeigte sich, wie erschöpft die städtischen Finanzen waren. Zu der an Schweden zu zahlenden Abfindung in Höhe von 5 Mill. Rtl. mußte die Reichsstadt mit 70 425 Rtl. beitragen und konnte den Betrag nur über Sondersteuern und -abgaben aufbringen.[72]

Wirtschaftlich ist es vielen Städten während des Krieges ergangen wie Köln: steigende Verschuldung trotz steigender Steuerlast. Ursachen, Höhe und Bewältigung der städtischen Schulden sind ganz unterschiedlich, aber die Tatsache als solche ist vielfältig belegt, und zwar bei Städten aller Größenordnungen: Das große Nürnberg war ebenso betroffen wie die kleine Reichsstadt Schwäbisch-Hall.[73] Daß die öffentliche Verschuldung noch nicht alles über den Stand der privaten Vermögen aussagt, hat R. Endres an der Schuldentilgung in Nürnberg gezeigt. Nach dem Westfälischen Frieden konnten die Schulden durch freiwillige Opfer der Bürgerschaft bis 1660 mehr als halbiert werden,

»was nicht nur Ausdruck einer bewundernswerten Opferbereitschaft war, sondern auch Beweis dafür, daß es trotz der Kriegswirren noch erstaunlich hohe Vermögen gab, darunter auch sicherlich manche Kriegsgewinne«.[74] Über Entstehung, Umfang und Verbleib solcher Kriegsgewinne ist leider nicht viel bekannt. Durch die Käufe der Soldaten auf städtischen Märkten können sie kaum zustandegekommen sein, auch wenn einerseits die Soldaten ihre Beutestücke spottbillig losschlugen und andererseits die Bürger von den Soldaten überhöhte Preise nahmen.[75] Wenigstens am Rande anzumerken ist die Tatsache, daß Gartwirte anscheinend auf ihre Kosten kommen konnten – durstig war die Soldateska immer. Unter den Beschwerden der Einwohner von Recklinghausen aus dem Jahr 1638 befand sich der Punkt: »Die Wirthe zapften den Reutern die ganze Nacht hindurch, weshalb die Bürger nach schwerer Tagesarbeit nicht zur Ruhe gelangten«.[76] Kriegslieferungen sind in großem Umfang über Hamburg abgewickelt worden – nicht zufällig stieg Hamburg während des Krieges zur reichsten Stadt Deutschlands auf.[77] Bekannt ist auch, daß über Hamburg die Generalstaaten beteiligt waren. Ein Teil der Kriegsgewinne, wieviel auch immer, ist also ins Ausland abgeflossen, nicht zuletzt in die Schweiz.[78] Trotzdem müssen hohe Summen im Reich geblieben sein. Auch von den 5 Millionen Rtl., die nach 1648 an Schweden gezahlt wurden, ist ein erheblicher Teil im Lande geblieben.[79]

V. Der Krieg und die Gesellschaft

1. Die unmittelbare Auswirkung

»Über nichts ist so oft gestritten worden und so schwer ein reines Urteil zu gewinnen, wie über die wirtschaftlichen Folgen des großen Krieges. Früher weit überschätzt, wurde es eine Zeitlang Mode, sie erheblich zu unterschätzen«.[1] Diese von K. Brandi zuerst 1927 geäußerte Einschätzung des Forschungsstandes über die Frage der Kriegsfolgen hat bis heute nichts von ihrer Gültigkeit verloren. In wissenschaftlichen Publikationen aus West und Ost kann man Formulierungen finden, die im Tenor der düsteren Schilderung entsprechen, die im 19. Jahrhundert Gustav Freytag mit seinem Werk »Bilder aus der deutschen Vergangenheit« popularisiert hat. So schrieb C. J. Burckhardt in seiner Richelieubiographie über die Jahre 1635/36: »Deutschland war ein Trümmerfeld und die Verwüstung nahm ständig zu«, und im Handbuch der DDR-Historiker »Deutsche Geschichte« heißt es zum Kriegsende: »Weite Ackerflächen waren verödet, die Produktivkräfte zum größten Teil vernichtet. ... Dörfer und Städte lagen in Schutt und Asche, die Verwüstung und Entvölkerung war grenzenlos«.[2]

Die entgegengesetzte Position ist zuletzt und wohl in ausgeprägtester Form von S. H. Steinberg vertreten worden. Für ihn war nicht nur der Ausdruck »Dreißigjähriger Krieg« abwegig, sondern er verwies auch die herkömmliche Auffassung von den verheerenden Kriegsfolgen in den Bereich der Mythen: »An die Stelle der Fabel von der allgemeinen Verwüstung und dem Massenelend ist daher die weniger sensationelle Erkenntnis zu setzen, daß zwischen 1600 und 1650 in Deutschland eine Umschichtung der Bevölkerungen und des Besitzes stattfand, die einigen Gegenden, Ortschaften und Personen zum Vorteil und anderen zum Schaden gereichte«.[3] Die Heere waren klein, die Feldzüge kurz, die eigentlichen Kriegsschauplätze auf wenige Gebiete konzentriert. Die Gesamtbevölkerung schätzte er für die Zeit nach dem Krieg leicht höher ein als vorher und das gleiche soll für Nationaleinkommen, Produktivität und Lebensstandard gelten. Daß er am

Schluß seiner Ausführungen noch »die Legende von der kulturellen Verödung« widerlegt, rundet sein Bild vom »sogenannten Dreißigjährigen Krieg« ab.[4] Das Gesamturteil lautet: »Im Jahre 1648 war Deutschland weder besser noch schlechter daran als im Jahre 1609: es war lediglich anders, als es ein halbes Jahrhundert zuvor gewesen war«.[5]

Das herkömmliche Bild des großen Krieges speiste sich nach Steinberg hauptsächlich aus zwei Quellengruppen, von denen die eine bewußt, die andere unbewußt ein verzerrtes Bild gibt. Erstere war die offizielle brandenburgische Propaganda zur Zeit des Großen Kurfürsten, die dessen Aufbauleistung in hellstem Licht erscheinen lassen sollte, indem sie die Kriegsverwüstungen um so fürchterlicher darstellte. Da sie außerdem eine Interessengleichheit von Hohenzollerndynastie und Deutschland vertrat, wurde sie um so leichter von dem entsprechenden Verständnis des Nationalliberalismus im 19. Jahrhundert übernommen. Die zweite Quellengruppe besteht aus den vielen Chroniken, Tagebüchern, Briefen und sonstigen Aufzeichnungen, die alle von Mitgliedern der gleichen sozialen Schicht geschrieben wurden, nämlich des Bildungsbürgertums. Diese Beamten, Juristen, Pfarrer u. a. wurden aber am stärksten von den Kriegsauswirkungen betroffen, so daß deren Schilderungen lediglich die üblen Erfahrungen dieses Personenkreises wiedergeben.

Um mit der von Steinberg repräsentierten Position zu beginnen: Die Existenz verzerrender Quellen ist zunächst einmal unbestritten. Das Bild des Dreißigjährigen Krieges wurde weitgehend geprägt von Berichten, die in Grimmelshausens Schilderungen ihren klassischen Ausdruck gefunden haben. Mit der Formel, »... daß ich der lieben Posterität hinterlasse, was vor Grausamkeiten in diesem unserm Teutschen Krieg hin und wieder verübet worden«, wird die bekannte Szene des Überfalls auf einen Bauernhof eingeleitet: Reiter plündern den Hof aus, zerschlagen alles, was sie nicht mitschleppen, vergewaltigen die Frauen und foltern aus den Männern die Verstecke von Geld und Gut heraus – vom Schwedentrunk bis zum feuchten Salz auf den Fußsohlen, das die Ziege ableckt, ist an typischem Kriegsgreuel alles versammelt.[6] An solchen und andern Auftritten der Soldateska kann grundsätzlich auch kein Zweifel herrschen, nur: Handelte es sich dabei um Auswüchse oder war das die Regel? Oder anders gefragt: Was läßt sich zur unmittelbaren Auswirkung von Gewaltanwendung in diesem Krieg sagen?

Zuerst einmal ist daran zu erinnern, daß es literarische Topoi gibt, die immer wieder zur Ausgestaltung bestimmter Situationsschilderungen herangezogen werden. Ein gutes Beispiel ist das Kannibalismusthema bei der Beschreibung von Hungersnöten, speziell von Hungersnöten in belagerten Städten. Als 1534/35 das Reich der Täufer zu Münster belagert und ausgehungert wurde, schrieb ein Chronist: »Viele Kinder ... rafft der Hunger hinweg und tötet sie, viele auch tötet (schauderhaft zu sagen) das Schwert der Eltern, um sie zu essen; Teile von ihnen wurden nach Eroberung der Stadt nicht nur an einer, sondern an mehreren Stellen eingepökelt aufgefunden ... Nicht ohne fatalen Grund nennen sie es das Neue Jerusalem«.[7] Die Proklamierung der Stadt zum »Neuen Jerusalem« hat hier den Vergleich mit der Belagerung Jerusalems im Jahre 70 n. Chr. und den antiken Berichten einschließlich der Kannibalismusbeschreibungen besonders nahegelegt, aber auch ohne solchen Anlaß wirken die antiken Vorbilder nach. Zur Schilderung einer fürchterlichen Hungersnot gehört der Kannibalismus, äußerstenfalls in Gestalt der Mutter, die ihr eigenes Kind tötet und verzehrt. In der Chronistik des Dreißigjährigen Krieges konnte dieser Topos selbstverständlich nicht ausbleiben, ohne daß sich bislang ein Realitätskern nachweisen ließ.[8]

Sicher lassen sich zahlreiche Topoi in den zeitgenössischen Aufzeichnungen zum großen Krieg finden – nur noch von Wölfen behauste Orte stehen ebenso in diesem Verdacht wie die Menschenjagd in Wäldern mit Bluthunden, um noch die letzten Flüchtigen aus den Bäumen zu holen.[9] Doch statt dem zeitüblichen »Superlativ des Entsetzens« weiter nachzugehen, sei jetzt erst einmal auf Bemühungen hingewiesen, Gewalttaten möglichst zu verhindern.[10] Von gezielten Ausnahmen abgesehen, hatten die Armeeführungen aller am Krieg beteiligten Mächte ein ganz vitales Interesse daran, Verwüstungen oder auch nur Störungen des Wirtschaftslebens auszuschließen. Das ergab sich aus der Notwendigkeit, die Truppen unterhalten zu müssen, was auf längere Zeit nur bei einigermaßen intakter Wirtschaft möglich war. So finden sich auf allen Seiten Anstrengungen, die Truppen zu kontrollieren und zu disziplinieren. Als Beispiel mag die Anweisung der Generalstaaten von 1622 für ihre Truppen im westlichen Deutschland dienen. Nur Abteilungen von 25 bis 40 Mann sollen zum Einsatz kommen, mindestens aber 15 Soldaten, und zwar ausschließlich unter Führung eines für das Verhalten der Männer verantwortlichen Offiziers. Dazu sollte jeder Trupp einen Paßzettel mit sich führen, auf dem die Vor- und Zunamen aller Beteiligten verzeichnet waren, um sie identifizieren zu können. Ein Verhaftungsrecht gegen räuberische Soldaten wurde den betroffenen deutschen Territorien ausdrücklich zuerkannt. [11] Wie zahllose ähnliche Anordnungen zeigt auch diese das Hauptproblem aller Disziplinierungsversuche: die Absonderung einzelner Soldaten oder kleiner Gruppen von der Truppe. Genau dies aber wurde von der Natur der Heeresfinanzierung und überhaupt von der damaligen Art der Kriegsführung sehr begünstigt. Das Kontributionssystem verlangte großflächige Gebietsbesetzungen, und auch die Verteilung der Truppenkörper auf Winterquartiere zog die Einheiten beträchtlich auseinander – beides erschwerte natürlich eine wirksame Kontrolle der einzelnen Söldner.

Einer der vielen Erlasse Wallensteins, die geschärfte Verordnung an die kaiserliche Armee vom 10. Dezember 1629, kann als typisch gelten für alle einschlägigen Bemühungen und Schwierigkeiten der Armeeführungen. [12] Schon der Anlaß ist bezeichnend: »Nachdem uns vorgebracht, welcher gestalt biß dahero Ziemblich große Unordnungen in den Winterquartiren vorgelaufen ...«. Die Winterquartiere, diese besondere Reizzone im Verhältnis Soldaten – Bevölkerung, veranlaßte die Armeeführung, wieder einmal unter Strafandrohung einzuschärfen, was jedem einzelnen wöchentlich und täglich zusteht, vom baren Geld bis zum Servis. Dann kommen die Mißstände zur Sprache. Forderungen aus der Kontribution sind nur im Quartier berechtigt – wer über Land reist, hat selbst alles zu bezahlen, was er braucht. Die Offiziere sollen keine überhöhten Forderungen stellen oder sich sonst bereichern. Soldaten haben sich nicht von der Truppe zu entfernen: »Es soll in keinem wege verstattet werden, daß einiger Reuter oder Soldat auß dem Quartier, ohne seines Officires Paß, sich aufs land mache«. Keine Aneignungen über das festgesetzte Maß hinaus – das ist der Grundtenor dieser Verordnungen, weder durch Räubereien von Soldaten, die sich selbständig gemacht haben, noch von Offizieren mit etwas subtileren Methoden. Vor allen Dingen aber: Schutz für die Bauern! »Den Ackermann sollen die Officirer bei ihrem feldbaw schützen, und in keine wege sie davon Zu verhindern gestatten«.

So also war es bei ernster Strafe befohlen, und daß diese Anordnungen nicht nur auf dem Papier blieben, dafür gibt es Beispiele. Gelegentlich wurden Plünderungsgüter erstattet und requirierte Bauernpferde zurückgegeben. [13] Auch der Hinweis auf die ernsten Strafen blieb kein leeres Gerede. Die Militärjustiz trat nicht selten in Aktion, bei allen Armeen sind teilweise drakonische Strafen zur Aufrechterhaltung der Disziplin eingesetzt worden. Wallensteins einschlägige Maßnahmen sollen ihm außer massenhaften Desertationen die Beinamen »Galgensteiner« und »Henker-Herzog« eingetragen haben. [14] Auf der andern Seite fehlt es aber auch nicht an Beispielen dafür, daß sich die Wirksamkeit der Disziplinierungsmaßnahmen in Grenzen hielt. Schon die dauernde Wiederholung der Anweisungen und Drohungen spricht für sich, und die Landbevölkerung floh schließlich nicht umsonst vor den durchmarschierenden Truppen mit Hab und Gut in die festen Plätze. Nur ist mit Einzelbeispielen nicht viel gewonnen, denn Verallgemeinerungen erlauben sie selbstverständlich nicht. Gesicherte Angaben über den Umfang der Gewaltmaßnahmen von Soldaten gegen die Bevölkerung werden wohl auch nie zu erreichen sein. Wenn I. Bog für das Gebiet des Klosterverwalteramtes Heilsbronn bestätigen kann: »Die Fälle von körperlicher Gewalt sind verhältnismäßig selten, werden vor allem selbst in den letzten Jahren des Krieges noch als Ausnahmen angesehen«, dann gilt das eben nur für sein Untersuchungsgebiet und sagt nichts darüber aus, ob die von ihm festgestellte leidliche Disziplin der Truppen auch woanders gehalten wurde. [15] Es bleibt nur festzuhalten, daß zwar manche Militärs die Zügel schleifen ließen, die Armeeführungen aber in der Regel auf Disziplin hielten. Wieweit damit die Bevölkerung wirklich vor den Übergriffen der Söldner geschützt wurde, ist fraglich; daß solcher Schutz ernstlich angestrebt wurde, ist nachgewiesen. G. Mann hat das Problem so zusammengefaßt: »Das Eine, das leidliche Zusammenleben von Soldaten und Bauern, war der Grundsatz. Das Andere, gemarterte Bauern, verbrannte Höfe, weggetriebenes Vieh, war das Scheitern des Grundsatzes am Widerstand des wüsten Stoffes. Inwieweit er scheiterte, inwieweit er wohltätig wirkte, läßt sich genau nicht ausmachen. Denn natürlich haben die Chronisten vor allem das Spektakulär-Schauerliche festgehalten, nicht aber das halbwegs Normale, Glatte, worüber es nicht viel zu erzählen gab«. [16]

Vielleicht läßt sich etwas »halbwegs Normales« im Verhältnis Soldaten – Bevölkerung an zwei Beispielen verdeutlichen, die räumlich sehr weit voneinander entfernt sind – die zu den Ländern der Wenzelskrone gehörende Markgrafschaft Mähren und das im nordwestlichen Reichsgebiet gelegene Vest Recklinghausen –, aber zeitlich beide in den letzten und schlimmsten Abschnitt des Dreißigjährigen Krieges fallen.

Die Stadt Olmütz in Mähren muß sich im Sommer 1642 den Schweden ergeben, deren Besatzungstruppe erst 1650 wieder abzieht. Von einer längeren Unterbrechung abgesehen, hat der Stadtschreiber von Olmütz die Ereignisse in der Stadt festgehalten. Gewaltsames Vorgehen der Soldaten erfolgt mehrfach in Form von Exekutionen, Zwangsvollstreckungen zur Eintreibung von verweigerten Abgaben. Sonstige Gewaltanwendung kommt selten vor. Da erscheint beispielsweise ein randalierender Offizier in einem Bürgerhaus und lädt sich selbst zum Abendessen ein. Als man ihm nicht willfahren will, haut er einem »zwey Maultaschen« und dann eins mit dem Degen über den Kopf, bevor er abzieht. Das Ganze hat ein gerichtliches Nachspiel.[17] Die gefährlichste Situation entsteht, als der ranghöchste Militär, der Stadtkommandant selbst, zu randalieren beginnt. Beim Spiel ist er »wohl besoffen worden« und inszeniert einen großen Auftritt. Erst müssen alle Kanonen auf den Wällen feuern und die Musketiere in die Luft schießen, dann tanzt er mit Bürgersfrauen auf den Straßen herum. Als zwei Männer nicht mitmachen wollen, gerät er in Wut, schleppt einen davon vor eine Kanone und befiehlt, »diessen mann solte man alsobald Erstlich niederschüssen, dessen sich alle umbstehende Haubtleüthe, und Officirer Entsetzet, und bestürtzet haben, doch keiner nichts sagen dörffen, worauff Endlich Herr Obristlieutenant Winther ihme zugeredet, und Endlich das unglückh doch schwer abgewendet«.[18]

In den Jahren 1636 bis 1638 liegen die Kaiserlichen in dem kleinen, zum Kurfürstentum Köln gehörenden Vest Recklinghausen am Südrand des Münsterlandes unter dem Oberbefehl des schon erwähnten Generalfeldwachtmeisters Alexander v. Velen. Als 1636 Klagen der Bevölkerung über Räubereien und Diebereien sich häufen, schreitet v. Velen mit dem Befehl an alle Kommandanten ein, sie sollten räuberische Söldner entweder festsetzen oder bei Widerstand auf frischer Tat »vor die Köpfe schießen« lassen.[19] Das hält sich im Rahmen des bislang Geschilderten. Auch hier werden in allen Beschwerden allein Übergriffe auf das Eigentum vorgebracht, Schlimmeres ist also wohl nicht vorgekommen. Noch bemerkenswerter ist in dieser Hinsicht die Beschwerde der Recklinghäuser Bürgerschaft vom Sommer 1638 über die Garnison. Neben Unregelmäßigkeiten bei der Stellung von Quartier und Servis beklagen die Bürger Diebereien, nächtliche Ruhestörung und Anrempeleien, ohne daß auf ihre Klagen die Soldaten bestraft würden.[20] Die Militärs gehen auf diese Beschwerde sofort ein und versprechen Abhilfe. Vom »Superlativ des Entsetzens« ist hier nichts zu sehen, auch nicht in den folgenden Jahren bis 1648, obschon Stadt und Vest Recklinghausen in einem Raum liegen, der zwischen Schweden und Hessen auf der einen Seite und Kaiserlichen und Ligisten auf der andern Seite hart umkämpft ist. Nicht Übergriffe der Soldateska erzeugen die schließlich große Notlage von Recklinghausen, sondern genau wie in Olmütz der permanente Kontributionsdruck.

Dabei steht beides in Zusammenhang, denn die Übergriffe waren oft genug eine Reaktion der Söldner auf verweigerte Kontributionsleistungen. Der Schwager und spätere enge Mitarbeiter Gustav Adolfs, Pfalzgraf Johann Kasimir, hat das Anfang der 1620er Jahre einmal sehr genau zum Ausdruck gebracht: »Dieses undt sonderlich das grosse landtsverderben, so auss nicht bezahlung der Soldaten herrüeret ...«.[21] Die Kontribution aber war nun einmal die Basis der Soldatenbesoldung. Was immer eine Söldnerarmee unter normalen Bedingungen an Gewalttaten begleiten mochte, sie mußten sich in dem Maße steigern, in dem die Bezahlung ausblieb. Hunger und Not trieben die Söldner unweigerlich dazu, sich aus der Gegend selbst zu bedienen, in der sie sich gerade befanden – die Quellen sind voll mit Belegen für diesen Zusammenhang.[22] Daß beispielsweise Abt Friesenegger vom Kloster Andechs (südwestlich München) 1633 über Räubereien von Einquartierten zu klagen hat, wundert niemanden mehr, dem diese Soldaten dann geschildert werden: »Den 30. Dezember war Musterung des welsch-spanischen Regiments, und da war ein Spektakel zu sehen. Mehrere nur halb volle Kompanien, schwarze und gelbe Gesichter, ausgemergelte Körper, halb bedeckte, oder mit Lumpen umhängte, oder in geraubte Weibskleider einmaskierte Figuren, eben so wie Hunger, und Not aussieht«.[23] Auch der sehr auf Disziplin bedachte Schwedenkönig mußte in der ersten Zeit nach der Landung schmerzlich erfahren, wie seine Finanzschwäche und das Verhalten seiner Soldaten zusammenhingen.[24] Nicht umsonst wurde im Text des Prager Friedens die Zahlungsverpflichtung der Reichsstände für die Armee mit dem Zusatz festgelegt, »damit umb so viel desto mehr die Disciplina Militaris wieder angerichtet, und andere Exorbitanz und Unordnung, welche beym Kriegs-Wesen, in Ermangelung der ordentlichen Zahlung gemeinlich folgen thut, verhütet werden möge«.[25] Die Drohung mit der »Exorbitanz« der unbezahlten Soldateska hielt man offensichtlich für ein geeignetes Mittel, die Zahlungsbereitschaft der Reichsstände zu beflügeln.

Daneben gab es natürlich Übergriffe und Gewalttaten, die von keinerlei Notlage ummäntelt waren, verübt vom Troß, von Marodeuren, von den berüchtigten Kroaten und von regulären Einheiten, die unter den Augen ihrer Offiziere oder gar unter deren Führung sich als Wegelagerer und Räuber betätigten. Davon prinzipiell zu unterscheiden, wenn auch in der Wirkung auf die Bevölkerung nicht weniger schlimm, war die von der Armeeführung befohlene Verwüstung bestimmter Gebiete, aus taktischen oder sonstigen Gründen. Unter diesen »sonstigen Gründen« sind nicht zuletzt Racheakte zu registrieren. Eine besondere und zwar besonders fürchterliche Form der Gewaltanwendung trat ein, wenn eine Truppe in Blutrausch geriet und durch nichts mehr zurückzuhalten war. Die Eroberung Magdeburgs ist ein berühmt-berüchtigtes Beispiel für einen solchen Vorgang.

Trotz allem kann man als sicher annehmen, daß die Zahl der Opfer von Gewalttaten der Soldateska klein war im Verhältnis zur Zahl der Seuchenopfer. Die Seuchen, voran die Pest, haben der Bevölkerung den größten Aderlaß gebracht, und dieser ist zu den unmittelbaren Auswirkungen des Krieges zu rechnen. Die vielen Truppenbewegungen begünstigten die Verbreitung der Epidemien, und das System des Einflüchtens führte zu jenen zusammengedrängten Menschenmengen in den festen Plätzen, die den Seuchen die besten Angriffsflächen boten. S. H. Steinberg freilich hat einen größeren Bevölkerungsverlust während des Dreißigjährigen Krieges bestritten. Er setzt die Gesamtzahl der Einwohner des Reiches für die Zeit vor dem Krieg auf ca. 15–17 Millionen an und schätzt sie auf 16–18 Millionen für das Jahr 1650.[26] Nun konnte auch Steinberg nicht einfach wortlos an Forschungsergebnissen vorbeigehen, die seinen Behauptungen diametral entgegenstanden, aber er verwies sie ebenso generös ins Abwegige wie die bisherigen Ansichten über den großen Krieg überhaupt. G. Franz hat in seiner Studie: »Der Dreißigjährige Krieg und das deutsche Volk« die Bevölkerungsverluste während des Krieges minutiös erfaßt, soweit dies der Forschungsstand erlaubt. Seine Ergebnisse sind seit langem allgemein anerkannt, während S. H. Steinberg sie mit der Anmerkung erwähnt: »reich an Material, das aber fast durchweg falsch interpretiert ist«.[27] Nur: Steinbergs Aussagen bleiben mangels Anmerkungen oder sonstiger Nachweise allesamt völlig unkontrollierbar. Bei G. Franz dagegen sind Satz für Satz die Belege angegeben.

Auch Franz räumt zunächst einmal ein, daß die Bevölkerungsverluste wie die Kriegsfolgen überhaupt früher überschätzt wurden, wobei unzulässige Verallgemeinerungen bestimmter Quellenaussagen eine wichtige Rolle spielten.[28] Seine Ergebnisse hinsichtlich der Bevölkerungsverluste zeigen denn auch ein differenziertes Bild. Es reicht von schwerstbetroffenen Gebieten mit über 50 % Verlusten bis zu wenig oder gar nicht betroffenen Gegenden. Die schwerstbetroffenen Gebiete ziehen sich in einem Streifen vom Nordosten nach dem Südwesten des Reiches hin, von Mecklenburg und Pommern über Thüringen in den pfälzischen und württembergischen Raum. Zwischen und neben ihnen liegen die Gebiete mit 30 %–50 % Bevölkerungsverlust: Brandenburg, Magdeburg, Hessen, Franken, Bayern, Schwaben, Elsaß und Lothringen. Am glimpflichsten ist es dem deutschen Nordwesten zwischen Holstein und dem Niederrhein ergangen. Für die Länder der Wenzelskrone, also Böhmen, Mähren, Schlesien und die Lausitzen, sind 10 %–30 % Verluste verzeichnet, während die österreichischen Erblande des Kaisers verschont geblieben sind. Im Durchschnitt schätzt G. Franz die Verluste auf etwa 40 % der ländlichen und 33 % der städtischen Bevölkerung während der Kriegsjahrzehnte.[29] Hierin wird man die schwerwiegendste der unmittelbaren Kriegsauswirkungen zu sehen haben.

2. Soziale Mobilität

Daß der Krieg eine Binnenwanderung von erheblichem Umfang ausgelöst hat, ist eine bekannte Tatsache. Nicht so klar ist dagegen die Frage zu beantworten, ob und in welchem Umfang der Krieg sozialen Auf- und Abstieg förderte. Der Glücksritter, der im Militärdienst aus armseligen Verhältnissen zum begüterten Adel aufsteigt, ist immerhin selten. Gab es bescheidenere Möglichkeiten für sozialen Aufstieg, dafür aber für einen größeren Personenkreis?

Am ehesten wäre das im Bereich der Landwirtschaft zu erwarten. Bei den hohen Bevölkerungsverlusten, die der Krieg einwandfrei mit sich brachte und von denen die ländliche Bevölkerung noch stärker betroffen war als die städtische, mußte eigentlich Land zur Verfügung stehen für diejenigen, die es bebauen wollten. Davon gab es nicht wenige. Eine der großen Veränderungen in der ländlichen Bevölkerung der Frühen Neuzeit ist das Anwachsen kleinbäuerlicher und unterbäuerlicher Schichten, eine Entwicklung, die zu Lasten der ursprünglichen bäuerlichen Gemeinden ging, zu Lasten der Vollbauern. Je nach

Region ist dieser Vorgang schon im 15. Jahrhundert nachweisbar. Die Bezeichnungen sind regional unterschiedlich. In Schwaben und Franken erscheinen Kleinstellenbesitzer als Seldner oder Köbler, in Nordwestdeutschland als Kötter, in Mecklenburg und Brandenburg als Kossäten. Ebenfalls ganz unterschiedlich ist ihre Stellung bei der Nutzung des Gemeindebesitzes, ihr Anteil an Weide- und Waldnutzung.

Unterhalb dieser Schicht der Voll- und Kleinbauern wuchs eine unterbäuerliche Schicht, für die kein Neuland oder Hofanteil mehr zur Verfügung stand. Ihre Angehörigen lebten zwar in den Dörfern, aber nicht von der Ackernahrung, da ihnen Grundbesitz und Vermögen fehlten. Ihren Lebensunterhalt mußten sie als Tagelöhner, Wanderarbeiter oder Landhandwerker erwerben. Sie standen oft in einem spannungsreichen Verhältnis zu den Voll- und Kleinbauern, die ihnen gemeinsam die Nutzung am Gemeindebesitz verweigerten.[30] Die Existenz dieser landhungrigen, gegen den Widerstand der Hofstellenbesitzer andrängenden Gruppe müßte erwarten lassen, daß ihre Mitglieder mit Macht in jede freiwerdende Parzelle drängten, die der Krieg ihnen bescherte.

Im Gegensatz zu den mittelalterlichen Wüstungen hatte der Krieg kaum Dauerwüstungen zur Folge, auch die Siedlungsfläche hat er nicht vermindert. Aber große Besitzverschiebungen beim bäuerlichen Landbesitz traten ein. Es gibt Belege dafür, daß Angehörige der unterbäuerlichen Schicht – regional verschieden als Brinksitzer, Häusler, Einlieger, Beisassen usw. bezeichnet – tatsächlich zu Land gekommen sind. So konnte G. Franz bei vier sächsischen Dörfern, denen seiner Ansicht nach »durchaus typische Bedeutung zukommt«, u. a. feststellen: »Die ständischen Grenzen im Bauerntum haben sich verwischt. Vielfach gelang es nach dem Kriege Häuslern, Dreschgärtnern, Hirten und Schafmeistern sozial aufzusteigen und Hintersassenstellen oder auch Bauernhöfe zu erwerben. Alte Bauern sanken dagegen zu Tagelöhnern und Arbeitern herab. Auch bei den Heiraten, bei denen an sich streng die bäuerlichen Standesgrenzen innegehalten werden, macht sich jetzt diese Vermischung bemerkbar. Die Güter wurden in Sachsen wie in Thüringen vielfach umsonst oder für einen ganz geringen Preis abgegeben, aber im ganzen nicht zerschlagen. Kapital war also nicht notwendig. Es genügte eine gesunde Arbeitskraft und die Entschlossenheit, sich aller Not zum Trotz durchzusetzen. Nie wieder gab es für den Tüchtigen derartige Möglichkeiten zum Aufstieg«.[31]

Dieses Zitat zeigt die große Schwierigkeit, vor der die Forschung bei der Frage nach den sozialen Aufstiegsmöglichkeiten für Kleinbauern und Unterbäuerliche im Gefolge des großen Krieges steht. Es ist die Diskrepanz zwischen dem Angebot von preisgünstigen bis spottbilligen Hofstellen auf der einen Seite und der Verschuldung dieser Stellen auf der andern Seite. Die Bedingungen für Landerwerb sind im einzelnen regional sehr unterschiedlich, wobei das Ausmaß der Kriegsschäden eine nicht geringe Rolle spielt. In stark zerstörten Gebieten mußten die Konditionen zwangsläufig günstiger gestaltet werden, um überhaupt für die Binnenwanderung attraktiv zu sein. Die Möglichkeit für Landlose und Landarme, auf diese Weise zu Hofstellen zu kommen, ist grundsätzlich unbestritten.[32] Fraglich ist nur, wie hoch diese Chancen eines sozialen Aufstiegs veranschlagt werden können.

Durch die verschiedenen direkten Kriegseinwirkungen war die Leistungskraft vieler Höfe mehr oder weniger gesunken, während zugleich die Abgabenlast durch Kontributionen und andere Forderungen stieg. Eine zunehmende Verschuldung war die Folge.[33] Noch während des Krieges hatten sich einige Territorien zum Erlaß von Moratorien, Verboten von Zwangsvollstreckungen auf bestimmte Zeit, veranlaßt gesehen. Das vom Reichstag 1654 verabschiedete Schuldenmoratorium kann hier allerdings unberücksichtigt bleiben, weil es die Bauern nicht betraf.[34] Selbst wenn aber den Höfen aufgrund territorialer Regelung ein Teil der Schulden erlassen worden war und sie einige Jahre Befreiung von allen oder bestimmten Abgaben erhalten hatten, so blieb doch die Belastung, nach Ablauf der Freijahre wieder voll zahlungspflichtig zu sein. Konnten die Bauern diese Leistungen nicht erbringen, blieb nur der Weg in neue Verschuldung. Die Höfe mußten also nach wenigen Jahren nicht nur die Kriegsschäden wie Verwilderung der Fluren, Gebäudeschäden, Viehverluste und dergleichen herausgewirtschaftet haben, sondern auch für die nun wieder einsetzenden Steuern und Abgaben leistungsfähig sein. Erschwert wurde diese Aufgabe durch das starke Absinken des Getreidepreises. Der Grund für den Preisverfall ist außer in gesamteuropäischen Wirtschaftserscheinungen in den großen Menschenverlusten des Krieges zu sehen, denen ein weniger stark zurückgegangenes Angebot an Getreide gegenüberstand.[35]

Für sein Untersuchungsgebiet hat I. Bog glaubhaft machen können, daß sich die soziale Mobilität innerhalb der Landbevölkerung infolge dieser Belastungen in engen Grenzen hielt: »Es gehörten ja nicht nur eine gesunde Hand und ein kräftiger Wille zum Wiederaufbau eines

Hofes, sondern auch Geld«.[36] Nur wer Mittel für die nötigen Investitionen, für Zugvieh, Saatgut, Baumaterial und Geräte aufbringen konnte, hatte Aussichten, auf absehbare Zeit ohne Neuverschuldung wirtschaften zu können. Geld war aber gerade dasjenige, was den Unterbäuerlichen zumindest im erforderlichen Ausmaß nicht zur Verfügung stand. Mag sich die Lage der Unterbäuerlichen auch nach dem Krieg etwas entspannt haben durch vereinzelte Aufstiegsmöglichkeiten, vor allem durch die steigenden Löhne – zu den Gewinnern im Rahmen der Kriegsmöglichkeiten gehörten sie kaum.

Fragt man nach den eigentlichen Bauern, also nach denjenigen, die ihren Lebensunterhalt aus den Erträgen ihrer Äcker bestritten, so bietet sich ein höchst differenziertes Bild. Dieses Bild schwankt je nach Vorkriegsbedingungen, dem Ausmaß der Kriegsschäden und dem Verhalten der Landesherrschaft, d. h. es ist letztlich nur in eng begrenzten Regionalstudien erfaßbar, wie beispielsweise in den schon genannten Arbeiten von I. Bog und W. v. Hippel. Eines aber weisen diese Untersuchungen übereinstimmend nach: die große Verschuldung der bäuerlichen Hofstellen in den Schadensgebieten. In einer minutiösen Untersuchung hat G. Rechter am Beispiel des Oberen Zenngrundes im Fränkischen gezeigt, wie es im einzelnen aussah. Rückgänge im Steuervermögen von bis zu 82 % waren zu verzeichnen, über 50 % der Höfe lagen brach, waren aber mit hohen Schulden belastet. Beides zusammen, der große Kapitalabfluß und die Schulden, verhinderten eine schnelle Neubewirtschaftung der aufgelassenen Höfe. Manche blieben bis in die 50er Jahre unbebaut liegen, obschon sie zu Spottpreisen zu haben waren. Es war einfach kein Geld da, für den Kaufpreis nicht und für die dann zur Bewirtschaftung fälligen Investitionen erst recht nicht. Ein Hof, der 1614 für 500 fl. erworben wurde, wechselte 1648 für 37 fl. den Besitzer – es war inzwischen ein beschädigtes Anwesen mit verwilderten Feldern. Aber selbst diesen kleinen Betrag konnte der Käufer nicht aus eigener Kraft aufbringen. Er benötigte dazu einen Partner, und erst nach fünf Jahren war er in der Lage, diesen Partner auszuzahlen. Nicht nur die Angehörigen der unterbäuerlichen Schicht, auch die Bauern selbst konnten unter solchen Bedingungen aus den Folgen der Bevölkerungsverluste keinen Nutzen ziehen. Entsprechend kommt G. Rechter zu dem Ergebnis: »Die inneren Strukturen der Dörfer bleiben unverändert, eine soziale Umwälzung im größeren Stil läßt sich aus den zur Verfügung stehenden Quellen nicht nachweisen«.[37]

Eine andere Studie über ein Gebiet dieses Raumes, diesmal im Mainfränkischen, bestätigt dieses Ergebnis, auch wenn sonst ganz andere Voraussetzungen herrschten. Zerstörung und Verfall von Hofstellen haben hier tatsächlich zu erheblichen Veränderungen in den Besitzverhältnissen geführt. Die Voraussetzung dazu hatten die eigentümlichen Rechtsverhältnisse geschaffen. Es gab keine gesetzlichen Bestimmungen gegen Realteilung, d. h. gegen die Aufteilung einer Hofstelle beim Erbfall, und auch sonst keine Beeinträchtigungen des freien Grundstücksverkehrs seitens der Obrigkeit. Die Kriegsfolgen trafen also auf Kleinstellen und Splitterbesitzungen, die jetzt arrondiert werden konnten. Daß diese Erweiterungen mehr durch Erbschaft und Tausch als durch Kauf zustande kamen, lag an dem auch hier feststellbaren Kapitalmangel. Praktisch blieb immer noch viel verschuldetes Land einfach liegen und wurde nicht selten zu Wald. Die Nutznießer der Arrondierungen waren jedenfalls bäuerliche Hofstellenbesitzer und nicht Angehörige der unterbäuerlichen Schicht.[38]

Schließlich noch ein Beispiel für ein Gebiet, das gar keine oder nur minimale Veränderungen in den ländlichen Besitzverhältnissen aufweist: die Grafschaft Ravensberg. Einzelangaben über Bevölkerungsverluste und Einbußen im Bereich der Landwirtschaft liegen zwar nur spärlich vor, es ist aber doch wahrscheinlich, daß sich beides in engen Grenzen gehalten haben muß. Häufige Fluchtbewegungen sind zu verzeichnen, wie wohl in allen vom Krieg betroffenen Gebieten, aber Rückkehr und Wiederaufnahme der Arbeit haben nicht zu Verschiebungen im Gefüge der Landbevölkerung geführt. Es sagt etwas über die Kontinuität bäuerlicher Wirtschaft, wenn sie bis zum Ende des Krieges eine jährliche Kontributionslast in Höhe von mindestens 100 000 Rtl. tragen konnte, denn Städte gab es nicht viele in der Grafschaft, und Adel und Beamte waren von der Kontribution befreit.[39]

Im ganzen kann man R. Vierhaus zustimmen, wenn er feststellt: »Im einzelnen ist noch wenig über die tatsächlichen Veränderungen bekannt, die der Krieg in den Dörfern bewirkt hat, welche Besitzumschichtungen stattfanden, wieviele Nichtbesitzende zu Besitz kamen...«.[40] Es gibt nur einige Indizien dafür, daß ein breiter Aufstieg von Unterbäuerlichen zu Hofstellenbesitzern auf überregionaler Basis nicht stattgefunden hat.

Der Dreißigjährige Krieg hat zwar einem Teil der Landbevölkerung im Reich soziale Mobilität gebracht, aber nicht in Form eines sozialen Aufstiegs, sondern eines Abstiegs – er brachte in Gebieten östlich der

Elbe den verstärkten Abstieg in die Gutsuntertänigkeit. In den Gebieten westlich der Elbe blieb die Agrarverfassung erhalten, wurde der Besitzstand an Bauernland nicht zugunsten von Großgrundbesitz verschoben. Versuche in diese Richtung hat es zwar während des Krieges gegeben, im Braunschweigischen hauptsächlich, aber die Landesherrschaft erzwang schließlich die Herausgabe der Höfe im Interesse ihrer Steuerverfassung.[41] Östlich der Elbe bestand schon im 15./16. Jahrhundert die Tendenz zum Aufbau der Gutswirtschaft und Gutsherrschaft, d. h. zur Eigenwirtschaft der Adeligen für den Export mit der Arbeitskraft abhängiger Bauern. Die Gründe dafür sind vielfältig: ein verhältnismäßig armer, auf die Landwirtschaft angewiesener Adel, Getreideüberschüsse, günstige Transportmöglichkeiten über die Flüsse zur nahen Ostseeküste und aufnahmebereite Märkte in den westeuropäischen Ballungsgebieten; dazu kommen die relative Schwäche der Landesherren wie der Städte und anderes mehr.

Der Dreißigjährige Krieg stellte für diese Entwicklung die entscheidende Weiche. In Kurbrandenburg beispielsweise hat der bekannte Landtagsrezeß von 1653 die neue Macht- und Besitzstellung des Adels festgeschrieben. Der Kurfürst erreichte zwar die Geldbewilligung, die ihm den Aufbau eines kleinen stehenden Heeres ermöglichte, aber dafür mußte er seinen Ständen ihre soziale und wirtschaftliche Machtstellung auf Kosten der Bauernschaft garantieren. In der Forschung streiten sich die Meinungen, ob das Wüstwerden zahlreichen Bauernlandes im großen Krieg zum massiven Ausbau der Gutswirtschaft geführt hat oder mehr das tatkräftige Nachhelfen der Junker, das berüchtigte Bauernlegen. Das Ergebnis ist jedenfalls unumstritten: »Die rechtliche Entwicklung, die der Krieg im deutschen Osten so wesentlich gefördert hat, ließ sich nicht rückgängig machen. So hat der Krieg an seinem Teil dazu beigetragen, den freien Bauernstand der deutschen Landnahmezeit zu vernichten und an seine Stelle den rechtlosen und geplagten Gutsuntertanen des 18. Jahrhunderts zu setzen. Der deutsche Osten wurde aus einem Bauernland zu einem Rittergutsland«.[42]

Zwar keine soziale Mobilität im engeren Sinne, aber doch eine enorme Bewegung innerhalb der gleichen sozialen Schicht gab es beim Adel in den Ländern der Wenzelskrone mit Ausnahme der Lausitzen und Schlesiens. Die Umschichtung beim böhmischen und mährischen Adel im Gefolge des gescheiterten Ständeaufstands war gewaltig. In Böhmen wurden 680 Personen verurteilt, davon 166 zur Totalkonfiskation, 112 zur Zwangsüberführung ihrer Eigengüter in Lehengüter, der Rest zu Teilkonfiskationen, die nominell zwischen der Hälfte und einem Fünftel des Eigentums lagen. Nominell, denn praktisch wurde auch ihnen in der Regel alles genommen. Die Güter wurden ganz verkauft, die alten Eigentümer für die nichtkonfiszierten Teile mit Geld entschädigt. Wie schon gezeigt, hat hier die Inflation der Kipper- und Wipperzeit mit ihrem »langen Geld« die ohnehin schon riesige Besitzumwälzung noch gesteigert, indem die Zwangsentschädigungen teilweise mit diesem minderwertigen Geld beglichen werden konnten. Da die Gesamtzahl der landtagsberechtigten Herren und Ritter in Böhmen für diese Zeit auf knapp 1400 Personen berechnet wird, war mit 680 Verurteilten etwa die Hälfte von ihnen betroffen. In Mähren lagen die Dinge ähnlich.[43]

Dem Kaiser bot sich die einzigartige Gelegenheit, in Böhmen und Mähren die bisherigen Machtverhältnisse zu seinen Gunsten zu verändern. Er hat sie voll genutzt. Die Güter wurden an zuverlässige Adelige verkauft oder verschenkt, darunter an viele Ausländer aus dem Herrschaftsumkreis der spanischen Habsburger. Octavio Piccolomini erhielt eines dieser Güter zwar erst 1634 bei dem zweiten großen Besitzwechsel in Böhmen nach Wallensteins Tod, aber er kann trotzdem als ein typischer Vertreter dieser Gruppe gelten. Er stammte aus einer Seitenlinie des ursprünglich in Siena ansässigen Geschlechts, geboren 1599 in Pisa. Schon sein Vater hatte in spanischem Kriegsdienst gegen die Holländer gekämpft, sein Sohn folgte in dieser Tradition. 1616 begann er in den spanischen Niederlanden seine militärische Laufbahn, die er teils im Dienste der spanischen, teils der deutschen Habsburger absolvierte. Belohnungen in Geld und Gut erwarb er sich auf beiden Seiten, und als er 1656 in Wien starb, führte er den stolzen Namen: Octavio Graf Piccolomini de Aragona, Herzog von Amalfi, Fürst des Heiligen Römischen Reiches und Herr zu Nachod.[44] Die Herrschaft Nachod in Böhmen erhielt er nach der Beseitigung des Mannes, der als Vertreter des einheimischen Adels von der Schlacht am Weißen Berge profitierte: Wallenstein. Von seiner späteren ungewöhnlichen Laufbahn abgesehen, war auch Wallenstein nur einer von den vielen, mit deren Zutun der Kaiser seine Machtstellung in Böhmen ausbaute.

Bis in den Grund zerstört war der alte, ständisch und nationaltschechisch orientierte Adel nach dem Strafgericht, das dem gescheiterten Ständeaufstand folgte. Die neuen Herren, die von Kaisers Gnaden an ihre Stelle traten, waren nicht dem Land, sondern der Dynastie Habsburg verbunden. In Annäherung einer Gefahr würde die Sache des Habsburgers im wahrsten Sinn des Wortes ihre eigene sein, denn jeder von ihnen wußte nur zu genau, was geschehen würde, wenn die neuen Besitz- und Machtverhältnisse je wieder zugunsten der Emigranten umgestoßen werden sollten. Die große Besitzumwälzung in Böhmen hatte zudem statt der alten Vielzahl kleinerer Rittersitze eine Konzentration auf eine kleinere Zahl von Latifundien im Gefolge mit entsprechenden Veränderungen auf den böhmischen Landtagen: mehr Herren, weniger Ritter – und die Ritterschaft war die Seele des ständischen Widerstands gewesen, vor und beim Aufstand.[45]

Auch im deutschen Adel hat es durch den Krieg Veränderungen gegeben, wenn sie sich auch in Ausmaß und Folgen nicht mit den Vorgängen in Böhmen und Mähren vergleichen lassen. Nachgeborene Adelssöhne und andere finanziell schlecht gestellte Adelige sahen im großen Krieg eine Aussicht auf besseres Auskommen und Gewinn. G. Droysen hat in einem militärgeschichtlichen Aufsatz zum Dreißigjährigen Krieg Bittschriften von Leuten zitiert, die vom Verbot der Obrigkeit befreit werden wollten, außerhalb der Landesgrenzen Kriegsdienst zu nehmen. »Er sei ein armer vom Adel«, heißt es da bezeichnend, »sein Vater habe viele Kinder, er könne nicht immer vom einen Vetter zum andern reiten«.[46] Der Aufstieg des kleinen brandenburgischen Kavalleristen Hans Christopher v. Königsmarck zum schwedischen Grafen, Feldmarschall und steinreichen Mann dokumentiert hinlänglich, daß ein Adeliger im Krieg grundsätzlich Karriere machen und dabei zu Geld kommen konnte – wie im Zusammenhang mit den Bereicherungen der Militärs gezeigt. Über das Ausmaß dieser Adelskarrieren ist allerdings nichts bekannt.

Bleibt noch die letzte Frage, ob Nichtadeligen der Kriegsdienst zum Sprungbrett für sozialen Aufstieg werden konnte. Von manchem Militär ist geschrieben worden, er habe von der Pike auf gedient, also als einfacher Pikenier angefangen, aber das entpuppt sich meist als reines Sprichwort. Der einfache Kriegsknecht konnte zwar einige untergeordnete Posten erreichen, aber schon beim Leutnant, dem Stellvertreter des Hauptmanns, war für ihn in aller Regel der Aufstieg zu Ende. Die höheren Chargen blieben fast ausschließlich eine Domäne des Adels, erforderten meist auch schon beträchtlichen Geldeinsatz, um dem Regimentsinhaber bei Werbungs- und Ausrüstungskosten beispringen zu können.[47] Der Weg vom Bauernjungen zum General blieb ein äußerst seltener Fall.

Zusammenfassung

Pax optima rerum – so konnten 1648 die Zeitgenossen nun endlich ihren Frieden feiern. Dreißig Jahre zuvor war der Krieg von einem Machtkampf zwischen Ständen und Landesherrn in Böhmen ausgelöst worden. Die Verbindung mit der Pfalzfrage hatte ihn ins Reich gezogen, und da war er geblieben. Europäisch war der Krieg von Anfang an – wo das Haus Habsburg beteiligt war, konnte es nur europäisch zugehen. Spanien hatte 1621 den Krieg gegen die Holländer wiederaufgenommen, den Dänenkönig bewegten die europäische Politik ebenso wie dynastische Ziele, mit Schwedens Eingreifen war der Kampf um das Dominium maris Baltici verbunden und Frankreich trieb antihabsburgische Politik seit den Zeiten Franz' I. So waren die Niederlande Kriegsschauplatz, zeitweise auch Dänemark, Oberitalien und Frankreich. Aber die Hauptlast des Krieges trug das Reich. Als der sächsische Kurfürst Johann Georg 1635 mit Schweden über den Frieden verhandelte und Oxenstierna dabei große Summen als Kriegsentschädigung forderte, bot der Kurfürst eine Million mit der Begründung, die meisten Kriegskosten Schwedens hätte ja doch das Reich bezahlt. Damit hatte er wahrscheinlich nicht nur im Blick auf Schweden recht. Daß hier nur über Wahrscheinlichkeit zu sprechen ist, liegt an den Besonderheiten des Forschungsstandes.

Aus der Einleitung zum fünften Band der »Documenta Bohemica«, der den schwedischen Krieg und Wallensteins Ende behandelt, kann man leichtes Bedauern darüber heraushören, »daß der behandelte Zeitraum editionsmäßig und historiographisch stark ausgeschöpft ist, denn er hat dank Wallenstein und Gustav Adolf die meisten Geschichtsforscher angezogen« (S. 10). Dem kann man uneingeschränkt zustimmen, die geschichtswissenschaftliche Literatur über diesen Kriegsabschnitt ist kaum noch überschaubar. Andere Phasen des Dreißigjährigen Krieges haben dagegen relativ wenig Aufmerksamkeit gefunden, und dies gilt besonders für jene 14 Jahre, die der Krieg nach der Schlacht bei Nördlingen von 1634 noch andauerte. Darstellungen, die für die erste Kriegshälfte breit dahinfließen, haben es nach 1634 plötzlich eilig, zum Westfälischen Frieden zu kommen. Der

Krieg versumpft, heißt es dann, er artet in allgemeines Hauen und Stechen aus. Genau dieser Sumpf aber war es, aus dem die schlimmsten Kriegsschäden für das Reich erwachsen sind. Es ist gar kein Wunder, daß sich in der Forschung die Meinungen über die Kriegsfolgen so schroff gegenüberstehen – Deutschland war nach dem Krieg eine Wüste oder nur eben anders. Sie können es, weil bislang nur die Bevölkerungsverluste aufgearbeitet sind und viel zu wenig Regionaluntersuchungen über die Kriegsauswirkungen auf die Wirtschaft im ländlichen Bereich vorliegen. Erst wenn dieses Defizit beseitigt ist, wird man in der Frage der Kriegsauswirkungen und damit zugleich in der Gesamtsicht des Dreißigjährigen Krieges weiterkommen.

Ein ganz anderes Problem ist die massive Steigerung der Hexenverfolgung in bestimmten Gebieten des Reiches zwischen ungefähr 1626 und 1631. Erklärt wird dies in der Literatur meist als Ausdruck fortgeschrittener Verrohung und Verelendung der Bevölkerung durch den Krieg. Inzwischen ist aber zu erwägen, ob ein Zusammenhang mit dem Anwachsen der katholischen Macht im Reich besteht. Wollten einige geistliche Fürsten – nur deren Aktivitäten sind hier angesprochen – die Gunst der Stunde nutzen, um gleich beide »Ketzergruppen« niederzuschlagen: die Protestanten und die Hexen? Ob sie dabei Eigeninitiative entwickelten oder den Prozeßwünschen aus den Reihen ihrer Untertanen freien Lauf ließen, ist nach den jüngsten Publikationen (W. Rummel, G. Schormann) kontrovers, doch muß das eine das andere nicht ausschließen.

Anmerkungen

Vorwort

1 Steinberg, S. H.: The Thirty Years' War and the Conflict for European Hegemony 1600–1660, London 1966; dt.: Der Dreißigjährige Krieg und der Kampf um die Vorherrschaft in Europa 1600–1660, Göttingen 1967 – hiernach zitiert.

2 Erdmannsdörffer, B.: Deutsche Geschichte vom Westfälischen Frieden bis zum Regierungsantritt Friedrichs des Großen 1648–1740, Bd. 1, Darmstadt 1962 [1. Aufl. Berlin 1892], S. 96 ff.; s. u. S. 112 f.

3 Steinberg (wie Anm. 1), S. 5.

4 Repgen, K.: Noch einmal zum Begriff »Dreißigjähriger Krieg«, in: Zeitschrift für historische Forschung 9 (1982), S. 348.

5 Zernack, K.: Das Zeitalter der nordischen Kriege von 1558 bis 1809 als frühneuzeitliche Geschichtsepoche, in: Zeitschrift für historische Forschung 1 (1974), S. 55–79.

6 Schmidt, R.: Ein Kalvinist als kaiserlicher Feldmarschall im Dreißigjährigen Kriege, Berlin 1895, S. 32.

Kapitel I

1 Allgemein zur deutschen Geschichte des 16./17. Jahrhunderts vgl. Heckel, M.: Deutschland im konfessionellen Zeitalter, Göttingen 1983 [Lit.]; Lutz, H.: Das Ringen um deutsche Einheit und kirchliche Erneuerung. Von Maximilian I. bis zum Westfälischen Frieden 1490 bis 1648, Berlin 1983 [Lit.].

2 Press, V.: Formen des Ständewesens in den deutschen Territorialstaaten des 16. und 17. Jahrhunderts, in: Ständetum und Staatsbildung in Brandenburg-Preußen, hrsg. v. P. Baumgart, Berlin 1983, S. 280–318.

3 Press, V.: Steuern, Kredit und Repräsentation, in: Zeitschrift für historische Forschung 2 (1975), S. 59–93.

4 Schilling, H.: Konfessionskonflikt und Staatsbildung, Gütersloh 1981; ders.: Konfessionalisierung als gesellschaftlicher Umbruch, in: Luther, die Reformation und die Deutschen, hrsg. v. S. Quandt, Paderborn 1982, S. 35–51; Reinhard, W.: Gegenreformation als Modernisierung?, in: Archiv für Reformationsgeschichte 68 (1977), S. 226–252; ders.: Konfession und Konfessionalisierung in Europa, in: Bekenntnis und Geschichte, hrsg. v. dems., München 1981, S. 165–189.

5 Delumeau, J.: Le catholicisme entre Luther et Voltaire, Paris 1971, S. 237–261.

6 Pfeiffer, G.: Art. »Augsburger Religionsfriede«, in: Theologische Realenzyklopädie, Bd. 4 (1979), S. 639–645.

7 Heckel (wie Kapitel I, Anm. 1), S. 91.

8 Neuer-Landfried, F.: Die Katholische Liga. Gründung, Neugründung und Organisation eines Sonderbundes 1608–1620, Kallmünz 1968 [Lit. auch zur Union]; Altmann, H.: Die Reichspolitik Maximilians I. von Bayern 1613–1618, München 1978.

9 Wiesflecker, H.: Kaiser Maximilian I., Bd. 1, München 1971, S. 58.

10 Zöllner, E.: Geschichte Österreichs, München ⁶1979, S. 152–165.

11 Ebd. S. 188 ff., 202 ff., 248–257.

12 Lutz, H.: Christianitas afflicta. Europa, das Reich und die päpstliche Politik im Niedergang der Hegemonie Kaiser Karls V. (1552–1556), Göttingen 1964 [Lit.].

13 Straub, E.: Pax et imperium. Spaniens Kampf um seine Friedensordnung in Europa zwischen 1617 und 1635, Paderborn 1980, S. 109–114; Parker, G.: Der Aufstand der Niederlande, München 1979.

14 Mecenseffy, G.: Geschichte des Protestantismus in Österreich, Graz/Köln 1956; Schragl, F.: Glaubensspaltung in Niederösterreich, Wien 1973; Reingrabner, G.: Adel und Reformation. Beiträge zur Geschichte des protestantischen Adels im Lande unter der Enns während des 16. und 17. Jahrhunderts, Wien 1976.

15 Loserth, J.: Reformation und Gegenreformation in den innerösterreichischen Ländern im 16. Jahrhundert, Stuttgart 1898, S. 275–284.

16 NDB, Bd. 12, S. 51 f.

17 Sturmberger, H.: Georg Erasmus Tschernembl, Graz/Köln 1953.

18 Ders.: Kaiser Ferdinand II. und das Problem des Absolutismus, München 1957; NDB, Bd. 5, S. 83 ff.

19 Zöllner (wie Kapitel I, Anm. 10), S. 205; Richter, K.: Die böhmischen Länder von 1471–1740, in: Handbuch der Geschichte der böhmischen Länder, hrsg. v. K. Bosl, Bd. 2, Stuttgart 1974, S. 99–412, hier: S. 185: »... hatte wahrscheinlich von seiner ihm doppelt verwandten Urgroßmutter, Johanna der Wahnsinnigen, ein schweres Gemütsleiden geerbt«.

20 Kuzmány, K.: Urkundenbuch zum Österreichischen Evangelischen Kirchenrecht, Wien 1856, S. 23–39; Richter, ebd. 188 f.

21 Roberg, B.: Zur Quellenlage und Historiographie des Jülich-klevischen Erbfolgestreites, in: Annalen des Historischen Vereins für den Niederrhein 179 (1977), S. 114–135; ders.: Päpstliche Politik am Rhein. Die römische Kurie und der Jülich-klevische Erbfolgestreit, in: Rheinische Vierteljahrsblätter 41 (1977), S. 63–87.

22 Straub (wie Kapitel I, Anm. 13), S. 118–121; dagegen Parker, G.: The Armee of Flanders and the Spanish Road 1567–1659, Cambridge 1981, S. 55; Gliss, O.: Der Oñatevertrag, phil. Diss., Frankfurt a. M. 1930.

23 NDB, Bd. 3, S. 221–225.

24 Sturmberger, H.: Aufstand in Böhmen, München 1959, S. 34.

Kapitel II

1 Gindely, A.: Geschichte des Dreißigjährigen Krieges, 4 Bde., Prag 1869–1880 [reicht bis 1623]; Sturmberger (wie Kapitel I, Anm. 24); Richter (wie Kapitel I, Anm. 19), S. 261–292; Bericht von Martinitz über den Fenstersturz: DB, Bd. 2, Nr. 50.

2 Korkisch, G.: Karl von Zerotin, in: Lebensbilder zur Geschichte der böhmischen Länder, hrsg. v. K. Bosl, Bd. 1, München/Wien 1974, S. 63–95, hier: S. 89 ff.

3 Biographisches Lexikon zur Geschichte der böhmischen Länder, hrsg. v. H. Sturm, Bd. 2, München/Wien 1983, S. 566.

4 Broucek, P.: Feldmarschall Bucquoy als Armeekommandant 1618–1620, in: Der Dreißigjährige Krieg, Wien 1976, S. 25–57.

5 Mann, G.: Wallenstein, Frankfurt a. M. 1971, S. 170–173.

6 Völker, K.: Die »Sturmpetition« der evangelischen Stände in der Wiener Hofburg am 5. Juni 1619, in: Jahrbuch der Gesellschaft für die Geschichte des Protestantismus im ehemaligen und im neuen Österreich 57 (1936), S. 3–50.

7 DB, Bd. 2, Nr. 419.

8 Ebd. Nr. 438.

9 Goldast an Graf Ernst v. Schaumburg, Frankfurt 5./15. Sept. 1619 – StA Bückeburg F 2, unverz. Best.; NDB, Bd. 6, S. 601 f.; zu Friedrich V. v. d. Pfalz ebd. Bd. 5, S. 535 f.

10 Gindely (wie Kapitel II, Anm. 1), Bd. 2, S. 116.

11 »Magna carta« – Sturmberger (wie Kapitel I, Anm. 24), S. 72; Vertragstext: BA, NF 1. Tl., 1. Bd., Nr. 130 E; für die Politik Maximilians I. im Dreißigjährigen Krieg insgesamt: Albrecht, D.: Die auswärtige Politik Maximilians von Bayern 1618–1635, Göttingen 1962; ders.: Das konfessionelle Zeitalter, in: Handbuch der bayerischen Geschichte, Bd. 2, hrsg. v. M. Spindler, München ²1977, S. 378–409 [Lit.!].

12 DB, Bd. 2, Nr. 471; Depner, M.: Das Fürstentum Siebenbürgen im Dreißigjährigen Krieg, phil. Diss., Stuttgart 1938; Heinisch, R. R.: Habsburg, die Pforte und der Böhmische Aufstand (1618–1620), in: Südost-Forschungen 33 (1974), S. 125–165, 34 (1975), S. 79–124.

13 Siehe u. S. 87.

14 Polišenský, J.: Der Krieg und die Gesellschaft in Europa 1618–1648, Wien/Köln 1971 (DB Bd. 1), S. 79 f.; Weiß, E.: Die Unterstützung Friedrichs V. von der Pfalz durch Jakob I. von England im Dreißigjährigen Krieg (1618–1632), phil. Diss., Stuttgart 1966.

15 Ritter, M.: Deutsche Geschichte im Zeitalter der Gegenreformation und des Dreißigjährigen Krieges, Bd. 3, Darmstadt 1962 [1. Aufl. 1908], S. 68–73, 81–89; Tecke, A.: Die kurpfälzische Politik und der Ausbruch des dreißigjährigen Krieges, phil. Diss., Hamburg 1931; Schulze, Th.: Die kursächsische Politik und der böhmische Aufstand, phil. Diss., Leipzig 1904.

16 Gindely, A.: Die Berichte über die Schlacht auf dem weißen Berge bei Prag, in: Archiv für österreichische Geschichte 56 (1878), S. 1–180; Sturmber-

ger (wie Kapitel I, Anm. 24), S. 86–92; Richter (wie Kapitel I, Anm. 19), S. 277.

17 Schubert, F. H.: Die pfälzische Exilregierung im Dreißigjährigen Krieg, in: Zeitschrift für die Geschichte des Oberrheins 102 (1954), S. 575–680; ders.: Ludwig Camerarius 1573–1651, Kallmünz 1955.

18 Kötzschke, R./Kretzschmar, H.: Sächsische Geschichte, Frankfurt a. M. 1965, S. 244 f.

19 Wedgwood, C. V.: Der Dreißigjährige Krieg, München 1967, S. 130.

20 Mann (wie Kapitel II, Anm. 5), S. 270; NDB, Bd. 6, S. 197 ff.

21 Abenteurer: Mann, ebd. S. 270; Patriot: Wertheim, H.: Der tolle Halberstädter, 2 Bde., Berlin 1929, hier Bd. 1, S. 242; Inspiration: Wedgwood (wie Kapitel II, Anm. 19), S. 131; NDB, Bd. 3, S. 225 f.

22 Albrecht, Das konfessionelle Zeitalter (wie Kapitel II, Anm. 11), S. 386; Egler, A.: Die Spanier in der linksrheinischen Pfalz 1620 bis 1632, Mainz 1971.

23 Christiansen, Th.: Die Stellung König Christians IV. von Dänemark zu den Kriegsereignissen im Deutschen Reich und zu den Plänen einer evangelischen Allianz 1618–1625, phil. Diss., Kiel 1937; Heiberg, St.: Art. »Christian IV.«, in: Dansk biografisk Leksikon, Bd. 3, København 1979, S. 303–309 [Lit.].

24 Stadler, P.: Das Zeitalter der Gegenreformation, in: Handbuch der Schweizer Geschichte, Bd. 1, Zürich 1972, S. 571–672, hier S. 623–628.

25 Siehe u. S. 72 f.

26 Zum niedersächsisch-dänischen Krieg insgesamt Opel, J. O.: Der niedersächsisch-dänische Krieg, 3 Bde., Halle/Magdeburg 1872–94, und die Einleitungen in Bd. 3 und 4 der DB.

27 Zur uferlosen Lit. über Wallenstein vgl. Mann (wie Kapitel II, Anm. 5); Polišenský (wie Kapitel II, Anm. 14), S. 152–162; Albrecht, Das konfessionelle Zeitalter (wie Kapitel II, Anm. 11), S. 393 Anm. 4; Lutz (wie Kapitel I, Anm. 1), S. 492 f.; dazu Suvanto, P.: Die deutsche Politik Oxenstiernas und Wallenstein, Helsinki 1979; Geiger, A.: Wallensteins Astrologie, phil. Diss., Graz 1983.

28 Polišenský (wie Kapitel II, Anm. 14), S. 133 ff.

29 Voges, H.: Die Schlacht bei Lutter am Barenberge am 27. August 1626, Leipzig 1922.

30 Siehe u. S. 79.

31 Langer, H.: Stralsund 1600–1630, Weimar 1970.

32 Wilmanns, E.: Der Lübecker Friede, phil. Diss., Bonn 1904.

33 Quazza, R.: Storia Politica d'Italia. Preponderanza Spagnuola, 1559–1700, Milano 1950.

34 Einzelheiten bei Tupetz, Th.: Der Streit um die geistlichen Güter und das Restitutionsedikt (1629), in: Sitzungsberichte der kaiserlichen Akademie der Wissenschaften, Philos.-histor. Klasse 102 (1883), S. 315–566; weitere Lit. bei Heckel (wie Kapitel I, Anm. 1), S. 251.

35 Albrecht, Die auswärtige Politik (wie Kapitel II, Anm. 11), S. 263–302;

ders.: Das konfessionelle Zeitalter (ebd.), S. 395 [Lit.]; ders.: Richelieu, Gustav Adolf und das Reich, München 1959; dazu s. u. S. 80.

36 DB, Bd. 4, Nr. 860.

37 Israel, J. I.: The Dutch Republic and the Hispanic World 1606–1661, Oxford 1982, S. 174, 197 f.

38 BA, NF 2. Tl., 5. Bd., Nr. 72, 142; Müller, H.-D.: Der schwedische Staat in Mainz 1631–1636, phil. Diss., Mainz 1979, S. 14 ff.

39 Siehe u. S. 92 ff.

40 Polišenský (wie Kapitel II, Anm. 14), S. 144–162; Vertragstexte allg. nachgewiesen bei Repgen, K.: Art. »Dreißigjähriger Krieg«, in: Theologische Realenzyklopädie, Bd. 9 (1982), S. 169–188, hier: S. 184.

41 Siehe u. S. 91.

42 Lahne, W.: Magdeburgs Zerstörung in der zeitgenössischen Publizistik, Magdeburg 1931.

43 Oestreich, G.: Der römische Stoizismus und die oranische Heeresreform, in: Ders.: Geist und Gestalt des frühmodernen Staates, Berlin 1969, S. 11–34; Opitz, W.: Die Schlacht bei Breitenfeld am 17. September 1631, Leipzig 1892.

44 Heckel (wie Kapitel I, Anm. 1), S. 160; Albrecht, Das konfessionelle Zeitalter (wie Kapitel II, Anm. 11), S. 399 f.

45 Mann (wie Kapitel II, Anm. 5), S. 789–893.

46 Gustav Adolf, Wallenstein und der Dreißigjährige Krieg in Franken, München 1982.

47 Mann (wie Kapitel II, Anm. 5), S. 862, 866; Barudio, G.: Gustav Adolf – der Große, Frankfurt a. M. 1982, S. 586, 597.

48 Seidler, J.: Das Prager Blutgericht 1633, Memmingen 1951; Lahrkamp, H.: Lothar Dietrich Freiherr von Bönninghausen, in: Westfälische Zeitschrift 108 (1958), S. 239–366.

49 Kretzschmar, J.: Der Heilbronner Bund 1632–1635, 3 Bde., Lübeck 1922.

50 Albrecht, Das konfessionelle Zeitalter (wie Kapitel II, Anm. 11), S. 401 f.

51 Schieche, E.: Schweden und Nordwestdeutschland 1634. Ein Memorial des schwedischen Kanzlers Axel Oxenstierna, in: Blätter für deutsche Landesgeschichte 97 (1961), S. 99–132.

52 Rystad, G.: Kriegsnachrichten und Propaganda während des Dreißigjährigen Krieges. Die Schlacht bei Nördlingen in den gleichzeitigen, gedruckten Kriegsberichten, Lund 1960; Essen, A. van der: Le Cardinal-Infant et la politique européenne de l'Espagne 1609–1641, Bd. 1, Louvain 1944, S. 411–420.

53 Siehe u. S. 67.

54 Dickmann, F.: Der Westfälische Frieden, Münster ⁴1977, S. 77 f.; Engel, J.: Von der spätmittelalterlichen respublica christiana zum Mächteeuropa der Neuzeit, in: Handbuch der europäischen Geschichte, hrsg. v. Th. Schieder, Bd. 3, Stuttgart 1971, S. 342 ff. [Lit.].

55 Kroener, B.: Les Routes et les Étapes. Die Versorgung der französischen Armeen in Nordostfrankreich (1635–1661), Münster 1980; ders.: Die Entwicklung der Truppenstärken in den französischen Armeen zwischen 1635 und 1661, in: Forschungen und Quellen zur Geschichte des Dreißigjährigen Krieges, hrsg. v. K. Repgen, Münster 1981, S. 163–220.

56 NDB, Bd. 2, S. 113 ff.; Lahrkamp, H.: Jan von Werth, Köln 1962, S. 55 ff.

57 Zur Schlacht: Leupold, E.: Journal der Armee des Herzogs Bernhard v. Sachsen-Weimar aus den Jahren 1637 und 1638, in: Basler Zeitschrift für Geschichte und Altertumskunde 11 (1912), S. 253–361; zu Savelli: Burckhardt, C. J.: Richelieu, 3 Bde. u. Registerband, München 1966/67, hier: Reg.-Bd., S. 90; Äußerungen v. Werth's Lahrkamp (wie Kapitel II, Anm. 56), S. 101 f.

58 Ritter (wie Kapitel II, Anm. 15), S. 609.

59 Burckhardt (wie Kapitel II, Anm. 57), Bd. 3, S. 272–308.

60 Israel (wie Kapitel II, Anm. 37), S. 267–270, 315.

61 Elliott, J. H.: Imperial Spain 1496–1716, Harmondsworth [2]1975; ders.: The Revolt of the Catalans, Cambridge 1963.

62 AOSB II, Bd. 6, S. 225.

63 Rettig, H.: Die Stellung der Regierung und des Reichstages Schwedens zur polnischen Frage, April 1634 bis November 1635, phil. Diss., Halle/S. 1916; Lorentzen, Th.: Die schwedische Armee im Dreißigjährigen Kriege und ihre Abdankung, Leipzig 1894, S. 64 f.

64 Haan, H.: Der Regensburger Kurfürstentag von 1636/37, Münster 1967, S. 209–223; NDB, Bd. 5, S. 85 f.; Dickmann (wie Kapitel II, Anm. 54), S. 91–95.

65 Tingsten, L.: Fältmarskalkarna Johan Banér och Lennart Torstensson sasom härförare, Stockholm 1932; Bierther, K.: Der Regensburger Reichstag von 1640/41, Kallmünz 1971, S. 48 ff.

66 Ruppert, K.: Die kaiserliche Politik auf dem Westfälischen Friedenskongreß (1643–1648), Münster 1979, S. 14 ff.; Ritter (wie Kapitel II, Anm. 15), S. 609; Elster, O.: Piccolomini-Studien, Leipzig 1911, S. 59–84.

67 Ruppert, ebd. S. 48–51; Lorenz, G.: Das Erzstift Bremen und der Administrator Friedrich während des Westfälischen Friedenskongresses, Münster 1969, S. 33–65; Böhme, K.-R.: Lennart Torstensson und Helmut Wrangel in Schleswig-Holstein und Jütland 1643–1645, in: Zeitschrift der Gesellschaft für Schleswig-Holsteinische Geschichte 90 (1965), S. 46–53; Depner (wie Kapitel II, Anm. 12), S. 156 f.

68 Zum folgenden Ruppert (wie Kapitel II, Anm. 66), passim [Lit.]; Lahrkamp (wie Kapitel II, Anm. 56), S. 129–202.

69 Vgl. Kapitel III.

70 Lorentzen (wie Kapitel II, Anm. 63), S. 210–213; Hoyos, Ph.: Die kaiserliche Armee 1648–1650, in: Der Dreißigjährige Krieg, Wien 1976, S. 169–232.

Kapitel III

1 Janssen, W.: Art. »Friede«, in: Geschichtliche Grundbegriffe, hrsg. v. O. Brunner u. a., Bd. 2, Stuttgart 1975, S. 543–591.

2 Heckel (wie Kapitel I, Anm. 1), S. 116.

3 Marañón, G.: Olivares. Der Niedergang Spaniens als Weltmacht, München o. J., S. 307; Rabe, H.: Die iberischen Staaten im 16. und 17. Jahrhundert, in: Handbuch der europäischen Geschichte, hrsg. v. Th. Schieder, Bd. 3, Stuttgart 1971, S. 636; Israel (wie Kapitel II, Anm. 37), S. 71.

4 Kellenbenz, H.: Spanien, die nördlichen Niederlande und der skandinavisch-baltische Raum in der Weltwirtschaft und Politik um 1600, in: Vierteljahrschrift für Sozial- und Wirtschaftsgeschichte 41 (1954), S. 289–332; Straub (wie Kapitel I, Anm. 13), S. 165 ff., 460 ff.

5 Kumlien, K.: Staat, Kupfererzeugung und Kupferausfuhr in Schweden 1500–1650, in: Schwerpunkte der Kupferproduktion und des Kupferhandels in Europa 1500–1650, hrsg. v. H. Kellenbenz, Köln 1977, S. 258.

6 Hroch, M.: Wallensteins Beziehungen zu den wendischen Hansestädten, in: Hansische Studien, Berlin 1961, S. 135–161 [Lit. S. 136, Anm. 2]; Petter, W.: Deutsche Flottenrüstung von Wallenstein bis Tirpitz, in: Handbuch zur deutschen Militärgeschichte, Bd. 4/2, München 1977, S. 13–18; Straub (wie Kapitel I, Anm. 13), S. 288–314.

7 Straub (wie Kapitel I, Anm. 13), S. 472–475.

8 Albrecht, Die auswärtige Politik (wie Kapitel II, Anm. 11), S. 364–371.

9 Zum folgenden Dickmann (wie Kapitel II, Anm. 54), S. 260–264; Israel (wie Kapitel II, Anm. 37), S. 360–374.

10 Sermet, J.: La Frontière hispano-française des Pyrénées et les conditions de sa délimination, Pau 1983.

11 Dickmann (wie Kapitel II, Anm. 54), S. 366.

12 Albrecht, Die auswärtige Politik (wie Kapitel II, Anm. 11), S. 49 f.

13 Schmitt, C.: Der Zugang zum Machthaber, ein zentrales verfassungsrechtliches Problem, in: Ders.: Verfassungsrechtliche Aufsätze aus den Jahren 1924–1954, Berlin 1958, S. 430–439.

14 Bireley, R.: Religion and Politics in the Age of Counterreformation. Emperor Ferdinand II, William Lamormaini S. J., and the Formation of Imperial Policy, Chapel Hill 1981 [mit älterer Lit.].

15 Ritter, M.: Der Ursprung des Restitutionsediktes, in: Der Dreißigjährige Krieg, hrsg. v. H. U. Rudolf, Darmstadt 1977, S. 158 f.

16 Siehe u. S. 78 ff.

17 Despotismus: DB, Bd. 4, S. 29; Diktatur: Barudio (wie Kapitel II, Anm. 47), S. 403; Möglichkeiten: Engel (wie Kapitel II, Anm. 54), S. 343; weitere Nachweise bei Repgen (wie Kapitel II, Anm. 40), S. 184 Anm. 12.

18 Dickmann (wie Kapitel II, Anm. 54), S. 73; Nachweise zum Prager Frieden bei Repgen, K.: Die römische Kurie und der Westfälische Friede, Bd. 1/1, Tübingen 1962, S. 361.

19 Haan, H.: Kaiser Ferdinand II. und das Problem des Reichsabsolutis-

mus, in: Der Dreißigjährige Krieg (wie Kapitel III, Anm. 15), S. 262; Heckel (wie Kapitel I, Anm. 1), S. 177.

20 Neue und vollständigere Sammlung der Reichs-Abschiede, hrsg. v. J. J. Schmaus/H. C. Senckenberg, Bd. 3, Frankfurt a. M. 1747, S. 544 f., §§ 66, 67.

21 Repgen (wie Kapitel II, Anm. 40), S. 179 ff.; Wedgwood (wie Kapitel II, Anm. 19), S. 344.

22 Ruppert (wie Kapitel II, Anm. 66), S. 350–355.

23 Haan, H.: Prosperität und Dreißigjähriger Krieg, in: Geschichte und Gesellschaft 7 (1981), S. 91–118 [Lit.].

24 DB, Bd. 2, S. 6; Parker, G.: The Dutch Revolt and the Polarization of International Politics, in: The General Crisis of the Seventeenth Century, ed. by G. Parker/L. M. Smith, London 1978, S. 58.

25 Dickmann, F.: Rechtsgedanke und Machtpolitik bei Richelieu, in: Ders.: Friedensrecht und Friedenssicherung. Studien zum Friedensproblem in der neueren Geschichte, Göttingen 1971, S. 36–78, hier S. 48.

26 Wollenberg, J.: Richelieu, Bielefeld 1977, S. 84–87; Church, W. F.: Publications on Cardinal Richelieu since 1945, in: The Journal of Modern History 37 (1965), S. 421–444; Weber, H.: Richelieu und das Reich, in: Lutz, H. u. a., Frankreich und das Reich im 16. und 17. Jahrhundert, Göttingen 1968, S. 36–52, hier S. 36 f.

27 Heckel (wie Kapitel I, Anm. 1), S. 151; Dickmann (wie Kapitel II, Anm. 54), S. XVI; Weber (wie Kapitel III, Anm. 26), S. 52.

28 Lutz, G.: Kardinal Giovanni Francesco Guidi di Bagno. Politik und Religion im Zeitalter Richelieus und Urbans VIII., Tübingen 1971, Kap. 2–4.

29 Dickmann (wie Kapitel II, Anm. 54), S. 286–300, und 3. Teil; Instrumenta Pacis Westphalicae, bearb. v. K. Müller, Bern ²1966, S. 13, 83.

30 Einzelnachweise bei Goetze, S.: Die Politik des schwedischen Reichskanzlers Axel Oxenstierna gegenüber Kaiser und Reich, Kiel 1971, S. 61 f.; neueste Arbeiten bei Barudio (wie Kapitel II, Anm. 47) [Lit.-Verz.]; zur älteren Lit.: Milch, W.: Gustav Adolf in der deutschen und schwedischen Literatur, Breslau 1928, und Paul, J.: Gustaf Adolf in der deutschen Geschichtsschreibung, in: Der Dreißigjährige Krieg (wie Kapitel III, Anm. 15), S. 17–32 [zuerst 1931].

31 Peters, J.: Über die Ursachen der schwedischen Teilnahme am 30jährigen Krieg, in: Wissenschaftliche Zeitschrift der Ernst Moritz Arndt-Universität Greifswald, Gesell.- und sprachwiss. Reihe 8 (1958/59), S. 199–208, hier S. 202.

32 Barudio (wie Kapitel II, Anm. 47), S. 403; Goetze (wie Kapitel III, Anm. 30), S. 62–69.

33 Irmer, G.: Die Verhandlungen Schwedens und seiner Verbündeten mit Wallenstein und dem Kaiser von 1631–1634, 3 Bde., Leipzig 1888–1891, ND: Osnabrück 1965–1968, hier Bd. 2, S. 26.

34 Deinert, Chr.: Die schwedische Epoche in Franken 1631–1635, phil. Diss., Würzburg 1966; Müller (wie Kapitel II, Anm. 38).

35 Kretzschmar (wie Kapitel II, Anm. 49); Schieche (wie Kapitel II, Anm. 51), S. 113f.; Goetze (wie Kapitel III, Anm. 30), S. 79–86, 96f.

36 Dickmann (wie Kapitel II, Anm. 54), S. 77; Goetze (wie Kapitel III, Anm. 30), S. 184–189.

37 Schubert, Die pfälzische Exilregierung (wie Kapitel II, Anm. 17), S. 581.

38 Ebd. S. 583; ders.: Ludwig Camerarius (wie Kapitel II, Anm. 17), S. 69f.; Weiß (wie Kapitel II, Anm. 14), S. 4f.

39 Ritter (wie Kapitel II, Anm. 15), Bd. 3, S. 254f., 342.

40 Dickmann (wie Kapitel II, Anm. 54), S. 377ff., 399f.

41 Mann (wie Kapitel II, Anm. 5), S. 441–449.

42 BA, NF 2. Tl., 3. Bd., Nr. 389, S. 519–531.

43 Die Regesten der Archive im Markgrafthume Mähren, Bd. 1, hrsg. v. P. v. Chlumecky, Brünn 1856, S. 57; Breuer, K.: Der Kurfürstentag zu Mühlhausen, phil. Diss., Bonn 1904.

44 BA, NF 2. Tl., 4. Bd., Nr. 84, S. 78; ebd. Nr. 103, S. 91–109; Mann (wie Kapitel II, Anm. 5), S. 523–547.

45 BA, NF 2. Tl., 5. Bd., Nr. 170, S. 414–731 [Lit.] dokumentiert den Kurfürstentag ausführlich; dazu die Arbeiten von Albrecht (wie Kapitel II, Anm. 35); zur Reichspolitik Spaniens Günter, H.: Die Habsburger-Liga 1625–1635, Berlin 1908, ND: Vaduz 1965.

46 Siehe o. S. 43f.

47 Nachweise bei Albrecht, Die auswärtige Politik (wie Kapitel II, Anm. 11), S. 311f.; Irmer, G.: Hans Georg von Arnim, Leipzig 1894; NDB, Bd. 1, S. 372f.; zu Johann Georg ebd. Bd. 10, S. 525f.

48 DB, Bd. 5, S. 6.

49 Repgen (wie Kapitel III, Anm. 18), S. 293–388; Dickmann (wie Kapitel II, Anm. 54), S. 70–74; Haan (wie Kapitel III, Anm. 19).

50 Siehe o. S. 66f.

51 Penners, Th.: Zur Konfessionsbildung im Fürstbistum Osnabrück, in: Jahrbuch der Gesellschaft für niedersächsische Kirchengeschichte 72 (1974), S. 25–50.

52 Ebd.

Kapitel IV

1 Papke, G.: Von der Miliz zum stehenden Heer, in: Handbuch zur deutschen Militärgeschichte, Bd. 1/1, München 1979; Hansen, E. W.: Zur Problematik einer Sozialgeschichte des deutschen Militärs im 17. und 18. Jahrhundert, in: Zeitschrift für historische Forschung 6 (1979), S. 425–460 [Lit.]; Oestreich, G.: Zur Heeresverfassung der deutschen Territorien von 1500 bis 1800, in: Ders.: Geist und Gestalt des frühmodernen Staates, Berlin 1969, S. 290–310; Redlich, F.: The German Military Enterpriser and His Work Force, 2 Bde., Wiesbaden 1964/65.

2 Loewe, V.: Die Organisation und Verwaltung der Wallensteinschen Heere, Freiburg i. Br. 1895, S. 14.

3 Schneider, H.: Der Langspieß, in: Der Dreißigjährige Krieg, Wien 1976, S. 7–24.

4 Lit. wie in Kapitel II, Anm. 1, bes. Gindely, Bd. 3.

5 Ernstberger, A.: Hans de Witte. Finanzmann Wallensteins, Wiesbaden 1954.

6 Broucek (wie Kapitel II, Anm. 4), S. 27.

7 Oberleitner, K.: Beiträge zur Geschichte des Dreißigjährigen Krieges mit besonderer Berücksichtigung des österreichischen Finanz- und Kriegswesens, in: Archiv für Kunde österreichischer Geschichtsquellen 19 (1858), S. 1–48, hier S. 3 f.

8 Albrecht, D.: Zur Finanzierung des Dreißigjährigen Krieges. Die Subsidien der Kurie für Kaiser und Liga 1618–1635, in: Der Dreißigjährige Krieg (wie Kapitel III, Anm. 15), S. 368–412, hier S. 370–373; zu Zahlungen Spaniens Günter (wie Kapitel III, Anm. 45), passim.

9 Goetz, W.: Die Kriegskosten Bayerns und der Ligastände im Dreißigjährigen Kriege, in: Forschungen zur Geschichte Bayerns 12 (1904), S. 109–125.

10 Polišenský (wie Kapitel II, Anm. 14), S. 156.

11 Ritter, M.: Das Kontributionssystem Wallensteins, in: Historische Zeitschrift 90 (1903), S. 193–249; ders. (wie Kapitel II, Anm. 15), Bd. 3, S. 113 f., 219 ff., 259 ff., 301 ff.

12 Die Regesten (wie Kapitel III, Anm. 43), S. 94.

13 Ernstberger (wie Kapitel IV, Anm. 5), S. 368; vgl. Berichte auf der Ligatagung Dez. 1629/Jan. 1630 – BA, NF 2. Tl., 5. Bd., Nr. 72, S. 180 f.

14 Text bei Oberleitner (wie Kapitel IV, Anm. 7), S. 34, dazu S. 37 f.; Hallwich, H.: Fünf Bücher zur Geschichte Wallensteins, 3 Bde., Leipzig 1910, hier Bd. 2, S. 388–395; DB, Bd. 4, Nr. 611, 1035.

15 Ernstberger, A.: Wallensteins Heeressabotage und die Breitenfelder Schlacht (1631), in: Ders.: Franken-Böhmen-Europa. Gesammelte Aufsätze, Bd. 1, Kallmünz 1959, S. 294–326.

16 Briefe und Akten zur Geschichte Wallensteins (1630–1634), 4 Bde., hrsg. v. H. Hallwich, Wien 1912, hier Bd. 1, S. 232.

17 Mann (wie Kapitel II, Anm. 5), S. 831.

18 Bierther (wie Kapitel II, Anm. 65), S. 293–297.

19 Böhme, K.-R.: Die schwedische Besetzung des Weichseldeltas 1626–1636, Würzburg 1963, S. 179.

20 Soom, A.: Der baltische Getreidehandel im 17. Jahrhundert, Stockholm 1961, S. 24–30.

21 Ekholm, L.: Rysk spannmål och svenska krigsfinanser 1629–1633, in: Scandia 40 (1974), S. 57–103, hier S. 61, 65.

22 Lorentzen (wie Kapitel II, Anm. 63), S. 32; Böhme (wie Kapitel IV, Anm. 19), S. 175.

23 Lit. zu den französischen Subsidien: Lorenz, G.: Schweden und die französischen Hilfsgelder von 1638 bis 1649, in: Forschungen und Quellen (wie Kapitel II, Anm. 55), S. 98 f.; zu den Zahlungen der Generalstaaten: Lund-

kvist, S.: Svensk krigsfinansiering 1630–1635, in: Historisk Tidskrift 86 (1966), S. 387.

24 Lorentzen (wie Kapitel II, Anm. 63), S. 25; Riezler, S.: Geschichte Bayerns, Bd. 5, Gotha 1903, S. 416; Goetze (wie Kapitel III, Anm. 30), S. 73 f.

25 Koppe, W.: Der Haushalt des schwedischen Reiches unter Gustav Adolf und Christina, phil. Habil. MS, Kiel o.J. [1938], S. 310–314.

26 Lorenz (wie Kapitel IV, Anm. 23), S. 99.

27 Böhme, K.-R.: Geld für die schwedischen Armeen nach 1640, in: Scandia 33 (1967), S. 54–95.

28 Koppe (wie Kapitel IV, Anm. 25), S. 314.

29 Böhme, K.-R.: Bremisch-verdische Staatsfinanzen 1645–1676, Uppsala 1967, S. 32–46.

30 Böhme (wie Kapitel IV, Anm. 27), S. 58.

31 Propyläen Weltgeschichte, hrsg. v. G. Mann/A. Nitschke, Bd. 7, Berlin 1964, nach S. 200.

32 Siehe u. S. 127.

33 Redlich (wie Kapitel IV, Anm. 1).

34 Schmidt (wie Vorwort, Anm. 6), S. 42.

35 Böhme, K.-R.: Hans Christopher von Königsmarcks Testament, in: Niedersächsisches Jahrbuch 41/42 (1969/70), S. 134–155, hier S. 134 f.

36 Ernstberger (wie Kapitel IV, Anm. 5), S. 86 ff.; Richter (wie Kapitel I, Anm. 19), S. 290 Anm. 10.

37 Richter (wie Kapitel I, Anm. 19), S. 284 f.

38 ADB, Bd. 20, S. 421–429, hier S. 428.

39 Mann (wie Kapitel II, Anm. 5), S. 1155–1158; Einzelaufstellung Oberleitner (wie Kapitel IV, Anm. 7), S. 22 f.

40 Deinert (wie Kapitel III, Anm. 34), S. 155 f.; Lorentzen (wie Kapitel II, Anm. 63), S. 14 f., 26 ff.

41 Altmann, R.: Landgraf Wilhelm V. von Hessen-Kassel im Kampf gegen Kaiser und Katholizismus 1633–1637, Marburg 1938, S. 13 f.; Weber, R.: Würzburg und Bamberg im Dreißigjährigen Krieg, phil. Diss., Würzburg 1979, S. 81.

42 Zum folgenden Böhme (wie Kapitel IV, Anm. 35), passim.

43 Knust, H.: Alexander von Velen (1599–1675), phil. Diss., Münster 1938, S. 38 f.

44 Ebd. S. 39–46.

45 StA Münster, v. Landsbergsches Archiv, Raesfeld, Akten D 13–21.

46 Lahrkamp (wie Kapitel II, Anm. 56), S. 80, 214–217.

47 Lorentzen (wie Kapitel II, Anm. 63), S. 15 Anm. 1, 197 f.; Erdmannsdörffer (wie Vorwort, Anm. 2), S. 19 Anm. 5.

48 Haan (wie Kapitel III, Anm. 23), S. 118.

49 Hippel, W. v.: Bevölkerung und Wirtschaft im Zeitalter des Dreißigjährigen Krieges. Das Beispiel Württemberg, in: Zeitschrift für historische Forschung 5 (1978), S. 413–448 [Lit.], hier S. 447.

50 Lit. bei Altmann, H. Chr.: Die Kipper- und Wipperinflation in Bayern (1620–23), phil. Diss., München 1976.

51 Gaettens, R.: Inflationen, München 1955, S. 94; Steinberg (wie Vorwort, Anm. 1), S. 143.

52 Hippel (wie Kapitel IV, Anm. 49), S. 435; Abel, W.: Geschichte der deutschen Landwirtschaft, Stuttgart ³1978, S. 272.

53 Dietze, W.: Die Wirkungen des Dreißigjährigen Krieges in der Pflege Coburg, Coburg 1941; Freytag, G.: Bilder aus der deutschen Vergangenheit, Bd. 3, Leipzig 1873.

54 Bog, I.: Die bäuerliche Wirtschaft im Zeitalter des Dreißigjährigen Krieges, Coburg 1952, S. 6.

55 Ebd. S. 126.

56 Siehe u. S. 110f.

57 Bog (wie Kapitel IV, Anm. 54), S. 142f.

58 Ebd. S. 161, 163.

59 Ebd. S. 166.

60 Lübbing, H.: Graf Anton Günther von Oldenburg 1583–1667, Oldenburg 1967.

61 Friesenegger, M.: Tagebuch aus dem Dreißigjährigen Krieg, hrsg. v. W. Mathäser, München 1974, S. 62; Marktredwitz im 30jährigen Krieg 1628–1648, Bd. 1, hrsg. v. H. Braun, Marktredwitz 1961, S. 103f.; Bog (wie Kapitel IV, Anm. 54), S. 130.

62 Franz, G.: Der Dreißigjährige Krieg und das deutsche Volk, Stuttgart ⁴1979, S. 108.

63 Marktredwitz (wie Kapitel IV, Anm. 61), S. 85.

64 Hoeniger, R.: Die Armeen des Dreißigjährigen Krieges, in: Militärwochenblatt, Beiheft 7, 1914, S. 315ff.

65 Siehe u. S. 114ff.

66 Mauersberg, H.: Wirtschafts- und Sozialgeschichte zentraleuropäischer Städte in neuerer Zeit, Göttingen 1960, S. 295.

67 Urkunden, Aktenstücke und Briefe zur Geschichte der Anhaltischen Lande und ihrer Fürsten unter dem Drucke des dreißigjährigen Krieges, hrsg. v. G. Krause, Bd. 1, Leipzig 1861, S. 462.

68 Bothe, F.: Geschichte der Stadt Frankfurt am Main, Frankfurt 1913, S. 446ff.

69 Ernstberger, A.: Plünderung des Leipziger Messegeleites Nürnberger und Augsburger Kaufleute am 26. Januar 1638 bei Neustadt a. d. Heid, in: Jahrbuch für fränkische Landesforschung 22 (1962), S. 101–120.

70 Dösseler, E.: Kleve-Mark am Ende des Dreißigjährigen Krieges, in: Düsseldorfer Jahrbuch 47 (1955), S. 254–296, hier S. 268–278.

71 Ennen, L.: Geschichte der Stadt Köln, Bd. 5, Düsseldorf 1880, S. 574f., 579, 671.

72 Ebd. S. 739.

73 Endres, R.: Endzeit des Dreißigjährigen Krieges, in: Nürnberg. Geschichte einer europäischen Stadt, hrsg. v. G. Pfeiffer, München 1971, S. 278;

Riegler, F.: Die Reichsstadt Schwäbisch-Hall im Dreißigjährigen Kriege, Stuttgart 1911, S. 100 ff.

74 Endres, ebd. S. 278.

75 Bothe (wie Kapitel IV, Anm. 68), S. 447.

76 Schneider, F.: Stadt und Vest Recklinghausen während des Dreißigjährigen Krieges, in: Westfälische Zeitschrift 22 (1862), S. 147–224, hier S. 194.

77 Kellenbenz, H.: Hamburg und die französisch-schwedische Zusammenarbeit im 30jährigen Krieg, in: Der Dreißigjährige Krieg (wie Kapitel III, Anm. 15), S. 267–297.

78 Abel (wie Kapitel IV, Anm. 52), S. 276; Stadler (wie Kapitel II, Anm. 24), S. 650.

79 Siehe o. Anm. 47.

Kapitel V

1 Brandi, K.: Deutsche Geschichte im Zeitalter der Reformation und Gegenreformation, München 1969 [1. Aufl. 1927], S. 506.

2 Burckhardt (wie Kapitel II, Anm. 57), Bd. 3, S. 269; Deutsche Geschichte, hrsg. v. J. Streisand, Bd. 1, Berlin 1967, S. 628.

3 Steinberg (wie Vorwort, Anm. 1), S. 7.

4 Ebd. S. 132, 143f.

5 Ebd. S. 7.

6 Grimmelshausen, H. J. Chr. v.: Der abenteuerliche Simplicissimus, Stuttgart 1961, S. 56 ff.

7 Kerssenbroch, H. v.: Anabaptistici furoris historica narratio, T. 2, Münster 1899, S. 800 ff. – »Multos infantes ... fames absumit et enecat, multos quoque (horresco referens) parentum gladius cibi causa extinguit, quorum membra post captam urbem non in uno, sed pluribus locis urbis in salsugine reperta sunt. ... Non igitur sine fatali causa novam illud Hyerosolimam appellitant«.

8 Julian, F.: Angebliche Menschenfresserei im Dreißigjährigen Kriege, in: Mitteilungen des Historischen Vereins der Pfalz 45 (1927), S. 37–92.

9 Marktredwitz (wie Kapitel IV, Anm. 61), S. 3; Bibra, F. v.: Der Aischgrund im Dreißigjährigen Krieg, Neustadt a. d. Aisch 1937, S. 38; wird auch den Türken vor Wien 1683 nachgesagt: Flucht und Zuflucht. Das Tagebuch des Priesters Balthasar Kleinschroth aus dem Türkenjahr 1683, hrsg. v. H. Watzl, Graz/Köln ²1983, S. 210.

10 Erdmannsdörffer (wie Vorwort, Anm. 2), S. 98; Günther, W.: Grundzüge der sozialen und wirtschaftlichen Entwicklung in Deutschland im Zeitalter des Dreißigjährigen Krieges, phil. Diss., Berlin 1931, S. 75–89.

11 Schneider (wie Kapitel IV, Anm. 76), S. 162.

12 Urkunden (wie Kapitel IV, Anm. 67), S. 459–462.

13 Stünkel, H.: Rinteln im 30jährigen Kriege, Rinteln 1952, S. 85; Die Regesten (wie Kapitel III, Anm. 43), S. 23; DB, Bd. 4, S. 56.

14 Mann (wie Kapitel II, Anm. 5), S. 420.

15 Bog (wie Kapitel IV, Anm. 54), S. 114.

16 Mann (wie Kapitel II, Anm. 5), S. 421.

17 Tagebuch des feindlichen Einfalls der Schweden in das Markgrafthum Mähren während ihres Aufenthaltes in der Stadt Olmütz 1642–1650, hrsg. v. B. Dudik, in: Archiv für österreichische Geschichte 65 (1884), S. 307–485, hier S. 335f.

18 Ebd. S. 413f.

19 Schneider (wie Kapitel IV, Anm. 76), S. 195.

20 Ebd. S. 194.

21 AOSB II, Bd. 10, S. 477.

22 Z. B. DB, Bd. 5, Nr. 1135.

23 Friesenegger (wie Kapitel IV, Anm. 61), S. 59.

24 Barudio (wie Kapitel II, Anm. 47), S. 464 ff.

25 Reichs-Abschiede (wie Kapitel III, Anm. 20), S. 545, § 69.

26 Steinberg (wie Vorwort, Anm. 1), S. 132.

27 Ebd. S. 154.

28 Franz (wie Kapitel IV, Anm. 62), S. 1.

29 Ebd. S. 8, 58f.

30 Schormann, G.: Hexenprozesse in Deutschland, Göttingen 1981, S. 74 ff.

31 Franz (wie Kapitel IV, Anm. 62), S. 109.

32 Ebd. S. 110.

33 Ebd. S. 107.

34 Blaich, F.: Die Wirtschaftspolitik des Reichstags im Heiligen Römischen Reich, Stuttgart 1970, S. 234.

35 Abel (wie Kapitel IV, Anm. 52), S. 278f.

36 Bog (wie Kapitel IV, Anm. 54), S. 56.

37 Rechter, G.: Der Obere Zenngrund im Zeitalter des Dreißigjährigen Krieges, in: Jahrbuch für fränkische Landesforschung 38 (1978), S. 83–122, hier S. 117–122.

38 Jäger, H.: Der Dreißigjährige Krieg und die deutsche Kulturlandschaft, in: Wege und Forschungen der Agrargeschichte. Festschrift G. Franz, Frankfurt a. M. 1967, S. 130–145.

39 Salge, K.: Der Dreißigjährige Krieg in der Grafschaft Ravensberg, in: Jahresberichte des historischen Vereins für Ravensberg 36 (1922), S. 1–53, hier S. 49–53.

40 Vierhaus, R.: Deutschland im Zeitalter des Absolutismus, Göttingen 1978, S. 66.

41 Franz, G.: Geschichte des deutschen Bauernstandes, Stuttgart ²1976, S. 181.

42 Franz (wie Kapitel IV, Anm. 62), S. 127; Lütge, F.: Geschichte der deutschen Agrarverfassung, Stuttgart ²1967, S. 119–145; Carsten, F. L.: Die Entstehung Preußens, Frankfurt a. M. 1981, 2. T.

43 Richter (wie Kapitel II, Anm. 19), S. 284f.

44 Elster (wie Kapitel II, Anm. 66), S. 9–13.

45 Oberleitner (wie Kapitel IV, Anm. 7), S. 22f.

46 Droysen, G.: Beiträge zur Geschichte des Militärwesens in Deutschland während der Epoche des Dreißigjährigen Krieges, in: Zeitschrift für deutsche Kulturgeschichte NF 4 (1875), S. 395.

47 Papke (wie Kapitel IV, Anm. 1), S. 117.

Auswahlbibliographie

Für neuere Quellen und Literatur sei auf den Beitrag »Der Dreißigjährige Krieg« verwiesen. (in: Gebhard, Handbuch der deutschen Geschichte, hg. v. W. Reinhard, Bd. 10, Stuttgart 2001, S. 207–212). Die folgende Auswahlbibliographie beschränkt sich auf grundlegende Arbeiten und auf solche, die ihrerseits Quellen und Literatur aufführen.

Albrecht, D.: Richelieu, Gustav Adolf und das Reich, München 1959.

Ders.: Die auswärtige Politik Maximilians von Bayern 1618–1635, Göttingen 1962.

Ders.: Das konfessionelle Zeitalter, in: Handbuch der bayerischen Geschichte, Bd. 2, hrsg. v. M. Spindler, München ²1977, S. 351–409.

Altmann, H.: Die Reichspolitik Maximilians I. von Bayern 1613–1618, München 1978.

Barudio, G.: Gustav Adolf – der Große, Frankfurt a. M. ²1982.

Bierther, K.: Der Regensburger Reichstag von 1640/41, Kallmünz 1971.

Bireley, R.: Maximilian von Bayern, Adam Contzen S. J. und die Gegenreformation in Deutschland 1624–1635, Göttingen 1975.

Ders.: Religion and Politics in the Age of Counterreformation. Emperor Ferdinand II, William Lamormaini S. J., and the Formation of Imperial Policy, Chapel Hill 1981.

Böhme, K.-R.: Die schwedische Besetzung des Weichseldeltas 1626–1636, Würzburg 1963.

Ders.: Bremisch-verdische Staatsfinanzen 1645–1676, Uppsala 1967.

Ders.: Geld für die schwedischen Armeen nach 1640, in: Scandia 33 (1967), S. 54–95.

Bog, I.: Die bäuerliche Wirtschaft im Zeitalter des Dreißigjährigen Krieges, Coburg 1952.

Burkhardt, J.: Der Dreißigjährige Krieg, Frankfurt a. M. 1992.

Dickmann, F.: Rechtsgedanke und Machtpolitik bei Richelieu, in: Ders.: Friedensrecht und Friedenssicherung, Göttingen 1971, S. 36–78.

Ders.: Der Westfälische Frieden, Münster ⁴1977.

Elliott, J. H.: Imperial Spain 1496–1716, Harmondsworth ²1975.

Engel, J.: Von der spätmittelalterlichen respublica christiana zum Mächteeuropa der Neuzeit, in: Handbuch der europäischen Geschichte, hrsg. v. Th. Schieder, Bd. 3, Stuttgart 1971, S. 1–443.

Ernstberger, A.: Hans de Witte. Finanzmann Wallensteins, Wiesbaden 1954.

Essen, A. v. d.: Le Cardinal-Infant et la politique européenne de l'Espagne 1609–1641, Bd. 1 (1609–1634), Louvain/Bruxelles 1944 [mehr nicht erschienen].

Franz, G.: Der Dreißigjährige Krieg und das deutsche Volk, Stuttgart ⁴1979.

Goetze, S.: Die Politik des schwedischen Reichskanzlers Axel Oxenstierna gegenüber Kaiser und Reich, Kiel 1971.

Günter, H.: Die Habsburger-Liga 1625–1635, Berlin 1908, ND: Vaduz 1965.

Haan, H.: Der Regensburger Kurfürstentag von 1636/37, Münster 1967.

Ders.: Prosperität und Dreißigjähriger Krieg, in: Geschichte und Gesellschaft 7 (1981), S. 91–118.

Heckel, M.: Deutschland im konfessionellen Zeitalter, Göttingen 1983.

Hippel, W. v.: Bevölkerung und Wirtschaft im Zeitalter des Dreißigjährigen Krieges. Das Beispiel Württemberg, in: Zeitschrift für historische Forschung 5 (1978), S. 413–448.

Israel, J. I.: The Dutch Republic and the Hispanic World 1606–1661, Oxford 1982.

Jessen, H. (Hrsg.): Der Dreißigjährige Krieg in Augenzeugenberichten, München ⁴1980.

Kessel, J.: Spanien und die geistlichen Kurstaaten am Rhein während der Regierungszeit der Infantin Isabella (1621–1633), phil. Diss., Frankfurt a. M. 1979.

Koppe, W.: Der Haushalt des schwedischen Reiches unter Gustav Adolf und Christina, ungedruckte Habilitationsschrift, Kiel 1938.

Kretzschmar, J.: Der Heilbronner Bund 1632–1635, 3 Bde., Lübeck 1922.

Der Dreißigjährige Krieg. Beiträge zu seiner Geschichte, Wien 1976.

Kroener, B.: Les Routes et les Étapes. Die Versorgung der französischen Armeen in Nordostfrankreich (1635–1661), Münster 1980.

Lahrkamp, H.: Jan von Werth, Köln 1962.

Leman, A.: Urbain VIII et la rivalité de la France et de la Maison d'Autriche de 1631–1635, Paris/Lille 1920.

Loewe, V.: Die Organisation und Verwaltung der Wallensteinschen Heere, Freiburg i. Br./Leipzig 1895.

Lorentzen, Th.: Die schwedische Armee im Dreißigjährigen Kriege und ihre Abdankung, Leipzig 1894.

Lorenz, G. (Hrsg.): Quellen zur Vorgeschichte und zu den Anfängen des Dreißigjährigen Krieges, Darmstadt 1991.

Ders. (Hrsg.): Quellen zur Geschichte Wallensteins, Darmstadt 1987.

Lutz, H.: Das Ringen um deutsche Einheit und kirchliche Erneuerung. Von Maximilian I. bis zum Westfälischen Frieden 1490 bis 1648, Berlin 1983.

Mann, G.: Wallenstein, Frankfurt a. M. 1971.

Mecenseffy, G.: Habsburger im 17. Jahrhundert. Die Beziehungen der Höfe von Wien und Madrid während des Dreißigjährigen Krieges, in: Archiv für österreichische Geschichte 121 (1955), S. 1–91.

Müller, H.-D.: Der schwedische Staat in Mainz 1631–1636, phil. Diss., Mainz 1976.

Neuer-Landfried, F.: Die katholische Liga, Kallmünz 1968.

Oschmann, A.: Der Nürnberger Exekutionstag 1649–1650, Münster 1991.

Papke, G.: Von der Miliz zum stehenden Heer, in: Handbuch zur deutschen Militärgeschichte, Bd. 1/1, München 1979.

Parker, G.: The Army of Flanders and the Spanish Road 1567–1659, Cambridge 1981.

Parker, G.: Der Dreißigjährige Krieg, Frankfurt a. M. 1987.

Polišenský, J.: Der Krieg und die Gesellschaft in Europa 1618–1648, Prag 1971 (DB, Bd. 1).

Rabb, Th. K. (Hrsg.): The Thirty Years' War. Problems of motive, extent, and effect, Lexington ²1972.

Redlich, F.: The German Military Enterpriser and His Work Force, 2 Bde., Wiesbaden 1964/65.

Repgen, K.: Die römische Kurie und der Westfälische Friede, Bd. 1, T. 1 u. 2, Tübingen 1962/65.

Ders. (Hrsg.): Forschungen und Quellen zur Geschichte des Dreißigjährigen Krieges, Münster 1981.

Ders. (Hrsg.): Krieg und Politik 1618–1648, München 1988.

Ritter, M.: Deutsche Geschichte im Zeitalter der Gegenreformation und des Dreißigjährigen Krieges, Bd. 3, Stuttgart 1908, Darmstadt 1962.

Roberts, M.: Gustavus Adolphus. A History of Sweden 1611–1632, 2 Bde., London 1953/58.

Ders.: Oxenstierna in Germany, 1633–1636, in: Scandia 48 (1982), S. 61–105.

Rudolf, H. U. (Hrsg.): Der Dreißigjährige Krieg, Darmstadt 1977.

Rummel, W.: Bauern, Herren und Hexen, Göttingen 1991.

Ruppert, K.: Die kaiserliche Politik auf dem Westfälischen Friedenskongreß (1643–1648), Münster 1979.

Salm, H.: Armeefinanzierung im Dreißigjährigen Krieg. Der Niederrheinisch-Westfälische Reichskreis 1635–1650, Münster 1990.

Schormann, G.: Der Krieg gegen die Hexen, Göttingen 1991.

Schubert, F. H.: Ludwig Camerarius 1573–1651, Kallmünz 1955.

Steinberg, S. H.: Der Dreißigjährige Krieg und der Kampf um die Vorherrschaft in Europa 1600–1660, Göttingen 1967.

Straub, E.: Pax et Imperium. Spaniens Kampf um seine Friedensordnung in Europa zwischen 1617 und 1635, Paderborn 1980.

Sturmberger, H.: Georg Erasmus Tschernembl, Graz/Köln 1953.

Ders.: Kaiser Ferdinand II. und das Problem des Absolutismus, München 1957.

Ders.: Aufstand in Böhmen. Der Beginn des Dreißigjährigen Krieges, München 1959.

Suvanto, P.: Die deutsche Politik Oxenstiernas und Wallenstein, Helsinki 1979.

Tupetz, Th.: Der Streit um die geistlichen Güter und das Restitutionsedikt (1629), in: Sitzungsberichte der kaiserlichen Akademie der Wissenschaften (Wien), Philosophisch-historische Klasse 102 (1883), S. 315–566.

Urban, H.: Das Restitutionsedikt, phil. Diss., Berlin 1966.

Voss, J.: Von der frühneuzeitlichen Monarchie zur Ersten Republik 1500–1800, München 1980 (Geschichte Frankreichs 2).

Weber, H.: Frankreich, Kurtrier, der Rhein und das Reich 1623–1635, Bonn 1969.

Wedgwood, C. V.: Der Dreißigjährige Krieg, München 1967.

Weiß, E.: Die Unterstützung Friedrichs V. von der Pfalz durch Jakob I. und Karl I. von England im Dreißigjährigen Krieg (1618–1632), phil. Diss., Stuttgart 1966.

Wollenberg, J.: Richelieu. Staatsräson und Kircheninteresse, Bielefeld 1977.

Personen- und Ortsregister